PETITE BIBLIOTHÈQUE DE L'ARMÉE FRANÇAISE

DEUX CAMPAGNES
A L'ARMÉE D'HELVÉTIE
1798-1799

PRÉCIS DES OPÉRATIONS DE LA 38e DEMI-BRIGADE
ET DE LA DIVISION LECOURBE

EXTRAIT DE L'HISTORIQUE DU 38e RÉGIMENT D'INFANTERIE

PAR

LE CAPITAINE D'IZARNY-GARGAS

PARIS
-André-des-Arts.

LIMOGES
Nouvelle route d'Aixe, 46.

CHARLES-LAVAUZELLE
Éditeur militaire

1890

PETITE BIBLIOTHÈQUE DE L'ARMÉE FRANÇAISE

DEUX CAMPAGNES

A L'ARMÉE D'HELVÉTIE

1798-1799

PRÉCIS DES OPÉRATIONS DE LA 38e DEMI-BRIGADE
ET DE LA DIVISION LECOURBE

EXTRAIT DE L'HISTORIQUE DU 38e RÉGIMENT D'INFANTERIE

PAR

LE CAPITAINE D'IZARNY-GARGAS

PARIS
11, Place St-André-des-Arts

LIMOGES
46, Nouvelle route d'Aixe, 46

IMPRIMERIE ET LIBRAIRIE MILITAIRES
HENRI CHARLES-LAVAUZELLE
Éditeur.

1890.

OUVRAGES CONSULTÉS

Archives historiques du Ministère de la guerre (armées d'Helvétie et du Danube, 1798-1799).

Journal historique de la 38e demi-brigade, par le capitaine Balan.

Histoire critique et militaire des guerres de la Révolution, par Jomini.

Mémoires de Masséna, par le général Roch.

Victoires et Conquêtes des Français.

Précis des événements militaires, par le général Mathieu Dumas.

Eloge historique du général Lecourbe, par Bausson de Mairet.

Revue militaire de l'Etranger (1885), etc., etc.

INTRODUCTION

Les travaux entrepris par les Suisses dans la vallée supérieure du Rhône et au Saint-Gothard, autant que les bruits qui courent sur le projet de réunion des armées allemande et italienne sur le territoire de la Confédération, dans le cas d'une guerre contre la France, donnent une certaine actualité à l'étude des opérations dont la Suisse a été le théâtre à la fin du dernier siècle. Qui sait si les événements ne nous ramèneront pas prochainement sur le même terrain qui vit les succès de Masséna et de Lecourbe ?

Les campagnes de 1798 et de 1799 sont peu connues.

Celle de 1798 est plus intéressante au point de vue politique que sous le rapport militaire, mais celle de 1799 est sans contredit l'une des plus glor euses de toute la période révolutionnaire. Cette mémorable campagne illustra le général et le mit au rang des meilleurs capitaines dans la guerre de montagnes. Mais qui se souvient des combats sanglants livrés par nos soldats, et de leurs longues et glorieuses marches à travers les neiges et les glaces de montagnes réputées jusqu'alors inaccessibles ? Qui connaît les noms des héroïques demi-brigades qui secondèrent si bien, par leur bravoure constante et leur inaltérable confiance, les merveilleuses combinaisons du général ?

Le nom seul de la bataille de Zurich a survécu, et encore ne rappelle-t-il rien de précis à la mémoire du plus grand nombre, car on comprend sous ce nom les combats nombreux et très distincts dont la Suisse fut le théâtre dans cette période du 24 septembre au 7 octobre, pendant laquelle on vit l'orgueilleux conquérant de l'Italie arrêté par Lecourbe et Molitor dans les vallées de la Reuss et de Glaris, pendant que Masséna chassait l'armée austro-russe d'Hotze et de Korsakow des positions qu'elle occupait derrière la Limmat et la Linth, depuis Baden jusqu'à Vallenstadt, et la rejetait au delà du Rhin.

Placée entre la France, l'Allemagne, l'Autriche et l'Italie, commandant les grands passages stratégiques qui donnent accès dans ces Etats, l'importance militaire de la Suisse est considérable. Cette importance fut la cause première de l'invasion de son territoire par les armées françaises en 1798, comme elle sera la cause de la violation de sa neutralité par les Allemands et les Italiens, depuis que cette neutralité tourne à l'avantage de la France.

Chacun sait ce qu'est la Suisse de nos jours. Tous ceux qui voyagent connaissent ses grandes montagnes et leurs glaciers sauvages, ses beaux lacs et ses vallées profondes, que traversent aujourd'hui de magnifiques routes. Nul n'ignore que ce petit peuple a le cœur bien trempé, l'œil et le bras exercés, et que tous ses enfants se lèveront comme un seul homme le jour où il faudra défendre le sol de la patrie. Enfin, ceux qui s'occupent de statistique savent que la Suisse peut mettre sur pied une armée de plus de

200,000 hommes instruits, y compris la landwehr.

En 1798, sa situation n'était pas aussi favorable. Ce qu'on appelait *Ligue helvétique* ou *Corps helvétique* se composait : 1° des treize cantons suisses de Zurich, Berne, Lucerne, Bâle, Soleure, Schaffouse, Fribourg, Underwald, Zug, Glaris, Uri, Schwitz et Appenzell, qui formaient autant de petites républiques, les unes aristocratiques, comme dans les sept premiers cantons, les autres démocratiques, comme dans les six derniers (1) ; 2° des *alliés des Suisses*, au nombre de huit : l'abbé et la ville de Saint-Gall, les Grisons, le Valais ou évêché de Sion, la ville de Mulhouse, la ville de Bienne, la ville de Genève, les comtés de Neuchâtel et de Vallangin, et l'évêché de Bâle ; 3° des *sujets des Suisses*, qui étaient le comté de Baden, les villes de Bremgarten et de Mellingen, le Turgaw, le Rheintal, le comté de Sargans, le comté et la ville de Rapperschwyl, les quatre bailliages d'Italie, et quelques villages et châteaux qui constituaient les bailliages libres ; 4° des *sujets des alliés*, tels que la Valteline, les comtés de Chiavenna, de Bormio et de Toggenbourg, et le Bas-Valais.

---

(1) La première confédération des cantons suisses datait de 1308, époque à laquelle les trois cantons d'Uri, de Schwitz et d'Unterwald s'unirent à Altdorf pour secouer le joug de la maison d'Autriche. L'entrée dans la ligue du canton d'Appenzell, le dernier venu des treize, était de 1513. Ce n'est enfin qu'en 1648 que la République suisse fut officiellement reconnue par les traités de Westphalie comme Etat libre et indépendant.

Ainsi que l'on peut s'en rendre compte par cette énumération, la liberté n'était pas égale pour tous dans la république des Suisses, et les germes de division devaient y être nombreux, d'autant plus que les vieux cantons n'étaient pas toujours très tendres pour leurs alliés et leurs sujets. Néanmoins, certaines dispositions avaient été prises en vue de la défense commune. Les cantons pouvaient mettre sur pied une milice de 39 à 40,000 hommes; cette milice se partageait en trois bans, ou trois *sommations*, pouvant être *sommés* de marcher ensemble ou successivement, suivant les nécessités de la défense. Leur mobilisation était préparée avec soin. Chaque canton fournissait son contingent, équipait et entretenait ses miliciens. Tout homme pouvant pouvant porter les armes était inscrit sur les contrôles de le milice ; il connaissait à l'avance son poste et le lieu où il devait recevoir des armes. Pour que la réunion de ces troupes fût plus prompte, on avait organisé un service de signaux, de telle sorte qu'en une nuit l'ordre d'appel pouvait être transmis dans tout le pays.

Mais, en 1798 comme de nos jours, d'ailleurs, la force principale de la Suisse résidait dans l'enchevêtrement inextricable de ses hautes montagnes, ses glaciers inaccessibles, ses gorges étroites, ses cours d'eau larges et profonds. Dans les grandes Alpes, les routes étaient rares, et impraticables la plus grande partie de l'année. Ainsi, à la veille de l'ouverture de la campagne de 1799, le général Lecourbe constatait par lui-même que les neiges rendaient impraticables les chemins de l'Ober-Alp et de la Furca. La seule voie de communication ouverte avec l'Italie, la route du Saint-Gothard, n'était praticable pour les voitures que d'Altdorf à Amsteig ; au delà, les transports ne pouvaient se faire qu'à dos de mulet. Cette route était cependant l'une des mieux entretenues de celles qui traversaient les grandes Alpes. Elle avait été commencée au au XIVe siècle, quand les relations commerciales avec le versant italien devinrent fréquentes. La chaussée, le plus souvent taillée dans les rochers, suit le fond de la vallée de la Reuss. Cette vallée, l'une des plus sauvages de la Suisse, est très étroite ; à mesure qu'on la remonte, on la voit se resserrer de plus en plus jusqu'aux gorges de Schœllenen, qui forment une espèce de cul-de-sac, d'où l'on ne sort que par le fameux Trou-d'Uri. Dans cette partie, les deux grandes murailles formées par les rochers ne laissent entre elles qu'une très étroite fissure au fond de laquelle roule le torrent.

En 1798, la route formait un très grand nombre de lacets, passait et repassait la Reuss sur des ponts en maçonnerie à deux pans, avec des pentes très fortes ; elle était pavée de grosses dalles et mesurait de dix à quinze pieds de largeur. La traversée du massif du Saint-Gothard, que les combats de la division Lecourbe devaient illustrer, était particulièrement dangereuse, car aucune route des Alpes n'était plus exposée aux avalanches que celle-là. Les difficultés naturelles du passage étaient telles que les anciens Romains, qui traversèrent fréquemment les Alpes par les cols du Valais et des Grisons, ne franchirent jamais le massif du Saint-Gothard.

A la fin du dernier siècle, la Suisse ne possédait pas de forteresses, car on ne peut donner ce nom aux quelques châteaux forts épars sur son territoire, parmi lesquels le plus important était le fort de Luciensteig (1). Certaines villes avaient une enceinte fortifiée, mais elles n'étaient pas en état d'offrir une résistance sérieuse. Celles dont les fortifications étaient les plus récentes étaient Zurich, Bâle et Genève.

La 38e demi-brigade, qui prit une part si active aux opérations de Lecourbe, en 1799, avait été formée le 30 mars 1796, à l'armée du Rhin et Moselle, par la réunion des anciennes 42e et 200e demi-brigades. Elle avait fait partie du corps des flanqueurs de droite pendant la campagne de 1796 et s'était distinguée aux affaires de Lindau et de Brégentz. A la fin de 1797, elle était cantonnée dans les départements du Mont-Terrible et du Doubs, et avait pour commandant le chef de brigade Daumas.

---

(1) Il n'en sera plus ainsi dans quelques mois, car le gouvernement helvétique a enfin compris qu'il était de son devoir de faire des sacrifices pour garantir sa neutralité d'une manière efficace. Des ouvrages importants sont en construction autour d'Airolo pour couvrir l'entrée du tunnel du Saint-Gothard. Le massif lui-même sera défendu par divers ouvrages, dont les principaux sont ceux de Bühl et du Bætzberg. Les cols de la Furca et de l'Ober-Alp seront fortifiés ; un tunnel a été percé des gorges de Schœllenen au Fortbühl, et des travaux de fortification sont entrepris au Trou-d'Uri pour l'établissement d'une porte de fer massive destinée à fermer la galerie. Il est aussi question de construire des forts à Martigny pour couvrir le défilé de Saint-Maurice dans le Valais.

CAMPAGNE DE 1798

I

OCCUPATION DE L'ERGUEL ET MARCHE SUR BERNE

Causes de l'invasion de la Suisse par les armées françaises. — Force de la Suisse. — Composition de la division de l'Erguel. — 2 mars : Prise de Soleure. — Combat d'Orwin. — 5 mars : Combats de Faubrunen et de Granholz. — Combat de Nidau et entrée des Français à Berne.

L'invasion de la Suisse en 1798 eut pour prétexte l'intervention de la France en faveur des Vaudois contre le gouvernement aristocratique de Berne. En réalité, le Directoire voulait consolider la position militaire de la France par l'occupation d'un territoire dont il regardait la possession comme le meilleur moyen de dominer en même temps en Allemagne et en Italie. Son but était de changer la forme du gouvernement des cantons, et de transformer la ligue helvétique en une république qui soit sous la dépendance de la France, comme les républiques ligurienne, cisalpine et batave.

Il déclara qu'il prenait sous sa protection tous les habitants du pays de Vaud, qui réclameraient la médiation de la République française pour l'exécution des anciens traités de 1564, qui garantissaient aux Vaudois tous leurs anciens privilèges. Pour appuyer cette déclaration, l'adjudant général Bonamy reçut l'ordre de prendre possession de l'Erguel avec cinq bataillons tirés de l'armée du Rhin.

La 38e demi-brigade était toute désignée pour cette mission par son voisinage de la frontière suisse. Les 2e et 3e bataillons furent réunis à la 97e demi-brigade et au 17e régiment de dragons, et pénètrèrent dans les vallées de Saint-Imier et de Moutiers, le 15 décembre 1797.

Le 1er bataillon resta à Morteau ; ses grenadiers marchèrent avec les grenadiers des deux autres bataillons.

Le Sénat de Berne, justement alarmé, protesta de son dévouement à la République française, et essaya de parlementer, tout en ordonnant le rassemblement d'un corps de 20,000 hommes. Il engagea, en outre, les autres cantons à se réunir à lui pour la défense de leur commune patrie.

De son côté, le Directoire compléta ses préparatifs d'invasion en ordonnant à la division Ménard, de l'armée d'Italie, de traverser la Savoie pour venir s'établir à Ferney, et en prescrivant le rassemblement d'une deuxième division dans l'Erguel, sous le commandement du général Schauembourg. Ces mesures militaires produisirent une grande effervescence dans le pays de Vaud. Les patriotes vaudois s'insurgèrent contre les agents du Sénat de Berne et proclamèrent l'indépendance du pays.

Le 27 janvier 1798, l'assassinat d'un parlementaire français par des paysans armés amena l'occupation de Lausanne par la division Ménard.

Les Bernois firent encore quelques tentatives de conciliation, mais n'obtinrent aucune concession du Directoire, qui manifesta ouvertement son projet de constituer la confédération helvétique d'une manière plus conforme à son système politique.

Les descendants des héros de Morat et de Granson firent alors leurs dispositions pour soutenir la lutte. Le Sénat bernois ordonna la levée en masse, et mit sur pied une armée de 25,000 hommes, dont il confia le commandement au général d'Erlach, ancien colonel au service de la France.

Le général d'Erlach partagea son armée en trois divisions de 6 à 7,000 hommes chacune. La première et la plus nombreuse, sous les ordres du général Andermatt, occupait l'espace compris entre Fribourg et Morat. La seconde avait pour chef le quartier-maître général Graffenried, et campait entre la ville de Buren et le pont de la rivière de Thiele. La troisième, commandée par le colonel Watteville, se reliait à la précédente et occupait Soleure. L'aile gauche était garantie par un corps de 2,000 flanqueurs qui se prolongeait jusqu'aux montagnes de Sauen, situées à l'extrémité orientale du lac de Genève; un second corps de 4 à 5,000 hommes, formé des autres contingents, devait servir de réserve. Enfin, des garnisons occupaient Soleure et Fribourg.

La division de Schauembourg, rassemblée dans l'Erguel, se composait, en outre des 38e et 97e demi-brigades et du 17e dragons, des 2e, 31e et 89e demi-brigade de ligne, de la 16e légère et du 8e hussards, venus de Strasbourg et d'Huningue; de la 14e légère et du 7e hussards venus de Landau; du 18e régiment de cavalerie venu des

Vosges; et enfin des 2e et 4e compagnies du 8e d'artillerie légère. L'effectif total de cette division était d'environ 12,000 hommes.

Elle fut placée, ainsi que la division du pays de Vaud, sous le commandement en chef du général Brune, qui venait de remplacer le général Ménard, appelé en Corse.

Le 6 février 1798, le général de brigade Nouvion se porta sur Bienne, par Pierre-Pertuis et le val de la Suze, avec les deux bataillons de la 38e, deux escadrons du 17e dragons, et trois pièces. Les Français furent reçus en libérateurs, et les citoyens de Bienne votèrent leur réunion à la France. Le 2e bataillon de la 38e fut désigné pour former la garnison de la ville; le 3e prit position vers Bozingen.

Le même jour, la 16e légère fut répartie dans le val de Saint-Imier, sa droite au lac et sa gauche à Pierre-Pertuis; la 97e dans le val de la Suze, appuyant sa droite en arrière du 1er bataillon de la 38e, sa gauche à Pierre-Pertuis; la 3e de ligne sur la rive gauche de la Birze, la droite à Délémont, la gauche vers Bâle. Le quartier général de la division, qui était à Délémont, fut transféré à Bienne le 9 février.

La 38e passa, à cette date, dans la brigade de droite, sous les ordres du général Gérard, dit Vieux, avec la 19e légère, la 89e, un bataillon de la 31e, un bataillon de la 97e, le 7e hussards, et 4 pièces du 8e d'artillerie. Cette brigade était ainsi répartie : la droite, dans la montagne de Diesse et à Neuveville; trois bataillons et un essadron à Bienne; deux bataillons dans le val Saint-Imier; un bataillon dans la vallée de Rosmont.

Le général Nouvion prit le commandement de la brigade de gauche, cantonnée à Pierre-Pertuis et derrière la Birze.

Le 25 février, le général Schauembourg reçut du général Brune l'avis que toutes les négociations allaient cesser, et que les deux divisions de l'Erguel et de Vaud devaient attaquer de concert, le 28 au matin, pour faire leur jonction à Aarberg et marcher sur Berne par les deux rives de l'Aar.

Il fallait que la division de l'Erguel passât la Thiele ou l'Aar au-dessous du lac de Bienne, la partie supérieure se trouvant couverte par la neutralité du pays de Neuchâtel. Ces deux rivières sont larges, profondes et rapides; les ponts de Buren et de Nidau étaient bien gardés par les Suisses. Celui de Soleure était couvert par les fortifications de cette place, qui était en état de tenir quelques jours. Les ponts de Wangen et d'Olten étaient trop loin, et eussent éloigné la division de l'Erguel de celle de Vaud. Enfin, la division n'avait aucun ponton.

Ces considérations décidèrent le général Schauembourg à tenter d'enlever de vive force le pont de Buren, le 28 février, à 4 heures du matin. Ce pont est au-dessous du saillant que forme l'Aar, sur la rive gauche, et dans lequel les Bernois avaient élevé quelques redoutes.

Toutes les dispositions étaient faites, lorsque le général Brune donna l'ordre de retarder l'attaque d'un jour. Ce contre-temps ayant mis l'ennemi sur ses gardes, il fut résolu de diriger l'effort principal contre Soleure, de culbuter les troupes qui en défendaient l'approche, de jeter quelques boulets dans la ville, et, si cette démonstration ne suffisait pas pour amener la reddition, de se porter rapidement sur les ponts de Wangen et d'Aarwangen. Ces mouvements seraient appuyés par des démonstrations devant les ponts de Buren et de Nidau.

Le 1er mars, un nouvel ordre fit encore différer l'attaque, néanmoins quelques escarmouches eurent lieu, et l'adjudant-général Bonamy enleva le poste de Saint-Joseph.

Enfin, dans la nuit du 1er au 2 mars, les postes suisses furent attaqués sur tous les points à la fois. Une colonne, composée des 3e et 14e légères, de la 89e et d'un bataillon de la 31e, du 18e de cavalerie, avec 5 pièces d'artillerie, se porta sur Soleure. L'avant-garde, formée de la 14e légère, d'un bataillon de la 89e venant de Bienne, et d'un autre bataillon de la 89e venant de Bozingen, enleva de vive force, à 5 heures du matin, le village de Lengnau, sur la route de Bienne à Soleure, après l'avoir fait canonner par trois pièces d'artillerie. Les deux tiers du bataillon suisse qui défendait ce village étant tués ou pris, le reste se retira en désordre sur deux autres bataillons postés en avant de Grenchen, avec 8 pièces d'artillerie. Ces troupes furent encore culbutées par les 14e légère et 89e de ligne, et s'enfuirent sur Soleure, laissant leur artillerie sur le champ de bataille.

L'avant-garde arriva devant Soleure vers 10 heures du matin. Cette ville, quoiqu'environnée d'une enceinte bastionnée en maçonnerie de granit, mais qui n'était pas encore armée, se rendit à la première sommation et ouvrit ses portes à 11 heures 1/2.

L'avant-garde traversa la ville et fut prendre

position sur la rive droite de l'Aar, à une lieue de Soleure, sur les hauteurs de Lohn.

Tandis que le gros de la division marchait sur Soleure, un bataillon de la 97e engageait le feu avec les Bernois qui défendaient le pont de Buren. Ceux-ci mirent le feu au pont, et conservèrent leurs positions sur la rive droite. Les deux bataillons de la 38e, un escadron et quelques pièces d'artillerie étaient chargés, sous les ordres de l'adjudant-général Fraissinet, de couvrir Bienne et Bozingen, et de nettoyer tout le terrain entre la Suze, l'Aar et la Thiele, depuis Nidau jusqu'à Buren.

Cinq compagnies de la 31e, postées sur la montagne de Diesse, devaient tenter de s'emparer des villages de la rive gauche du lac.

L'attaque de ces compagnies fut prévenue par les postes bernois établis sur le lac de Bienne, et, après quelques heures de combat, elles étaient repoussées jusqu'au village d'Orwin. Quelques compagnies de la 38e furent alors détachées pour se porter par là montagne au secours des compagnies de la 31e. Les Bernois, rejetés sur le lac, s'embarquèrent et abandonnèrent aux Français la possession de toute la rive gauche.

Les positions ennemies du pont de Nidau furent canonnées une partie de la journée; mais, comme à Buren, les Bernois restèrent maîtres de la rive droite. Le même jour, le général Brune s'emparait de Fribourg.

La prise de Soleure et de Fribourg découvrait les flancs de l'armée suisse. Le général d'Erlach résolut de replier sa droite et de concentrer ses forces dans les positions de Faubrunen, Laupen et Newnegg.

Par suite de ce mouvement rétrograde, les ponts de Buren et de Nidau furent abandonnés. Le général Nouvion occupa le premier, avec un bataillon de la 97e, un bataillon de la 31e et le 18e de cavalerie.

Après un léger combat avec l'arrière-garde suisse, l'adjudant-général Fraissinet prit position vers 5 heures du matin, avec les deux bataillons de la 38e et quelques compagnies de la 31e, sur les hauteurs au-dessus de Nidau. Les avant-postes s'établirent à Belmont.

Le dernier bataillon de la 31e prit position entre Buren et la route de Soleure à Berne, pour se relier avec la 14e légère et la 89e.

Le 4 mars, ces deux demi-brigades furent relevées par le corps de l'adjudant-général Bonamy, qui était resté sur la rive gauche de l'Aar, et, renforcées par le 8e hussards, se portèrent sur le village de Bœtter Kingen, sur la route de Berne. Leurs avant-postes furent poussés jusqu'au village de Schalunen, d'où ils chassèrent deux bataillons bernois.

Le corps principal de l'armée suisse, fort de 5 à 6,000 hommes, sous les ordres du général d'Erlach, avait pris une excellente position sur les hauteurs de Faubrunen.

La droite de cette position se termine par des pentes très rapides sur les prairies marécageuses de la rive gauche de l'Emme ; sa gauche se prolonge par des pentes douces jusqu'au village d'Etzelhofen, au delà duquel s'élève une hauteur couverte d'un bois touffu, qui s'étend dans la direction du Frienisberg, et qui est occupé par quelques bataillons bernois et le contingent de Zurich. Sur le front, le terrain s'élève par une pente très douce, et la route de Soleure à Berne traverse un grand bois occupé par les avant-postes suisses. Des abattis obstruent la route et couvrent le front de la position.

Le 5 mars, dès 4 heures du matin, les troupes bivouaquées sur les hauteurs de Lohn, les deux bataillons du pont de Buren, le 18e de cavalerie et 8 pièces d'artillerie se portent en avant en une seule colonne, sous les ordres du général Nouvion. La 14e légère et la 89e forment toujours l'avant-garde.

A 5 heures, cette avant-garde culbute les avant-postes bernois établis dans le bois et les repousse sur Faubrunen.

Pendant que l'artillerie canonne le front, et que quelques compagnies attaquent l'ennemi par sa droite, la 14e légère et la 89e se portent sur sa gauche et l'attaquent à la baïonnette. Les bataillons bernois, démoralisés, ne tiennent pas et abandonnent le terrain. Quelques escadrons de hussards achèvent la déroute.

Les demi-brigades victorieuses poursuivent l'ennemi jusque dans la position de Granholz, sur laquelle le général d'Erlach et l'avoyer Steiger sont parvenus à rallier les fuyards. Sans attendre l'arrivée des réserves, la 14e légère donne l'assaut. Les Bernois se défendent avec une valeur qui tient du désespoir, mais leur résistance ne fait que rendre leur défaite plus désastreuse. Ils sont enfin obligés de céder devant les Français, et laissent sur le champ de bataille environ 500 blessés ou tués.

L'ardeur avec laquelle la 14e légère et la 89e

de ligne avaient attaqué et poursuivi l'ennemi depuis le matin avait amené leur dispersion. Il fallut prendre le temps de se rallier, et attendre que la réserve se fût rapprochée, avant de continuer la marche sur Berne.

D'Erlach tenta encore d'arrêter les Français sur le plateau qui se trouve aux portes de Berne. C'était le quatrième combat qu'il livrait depuis le matin. Son dernier effort fut inutile; chargées sur un terrain découvert par deux régiments de cavalerie et mitraillées par l'artillerie légère, ses milices inexpérimentées, qui ne formaient plus qu'une colonne confuse et ne pouvaient tenir tête à des troupes aguerries, furent obligées de se disperser et de chercher un refuge dans la ville.

Pendant que ces événements se passaient sur la route de Soleure à Berne, la 38e demi-brigade était attaquée par les Suisses dans la position de Nidau.

Vers une heure de l'après-midi, le colonel Rovera, avec 2,000 Bernois et de l'artillerie, attaqua les avant-postes de Belmont. La 38e soutint l'attaque ; sa réserve de grenadiers arriva à la rescousse et marcha sur l'ennemi à la baïonnette. Les assaillants furent partout culbutés et mis en déroute. Malheureusement la 38e perdit dans cette affaire le capitaine Langlois.

La caporal de grenadiers Désiré et le soldat Imbert, ayant des premiers sauté sur les pièces de l'ennemi, et tué les canonniers qui y mettaient le feu, furent nommés, le premier sergent, et le second caporal, sur le champ de bataille.

Le lendemain, 6 mars, le corps de l'adjudant-général Fraissinet quitta Nidau pour se porter sur Berne, où la division Schauembourg venait de faire sa jonction avec la division Brune.

II

RÉVOLTE DES PETITS CANTONS.

Occupation de la Suisse centrale. — 28 mars : incendie de Munzingen. — Positions de l'armée d'occupation en avril 1798. — Révolte des petits cantons. — Occupation de Lucerne et de Küssnacht. — Attaque de l'abbaye de Notre-Dame-des-Ermites-d'Ensielden. — 3 mai : combat du lac de Zug. — Cantonnements à la fin de 1798.

La prise de Berne porta un coup funeste à la ligue helvétique. Les débris de l'armée suisse se dispersèrent d'eux-mêmes ; la plupart rentrèrent dans leurs foyers; d'autres gagnèrent les montagnes de l'Oberland et y restèrent en armes. Le général Brune s'empara du trésor, évalué environ à 40 millions, et qui fut destiné à payer les frais de l'expédition d'Egypte. La constitution, rédigée par le Directoire à l'usage du peuple suisse, fut promulguée. On s'occupa enfin de vider les arsenaux, et de procéder au désarmement de tout le pays laissé derrière l'armée.

La 38e demi-brigade quitta Berne le 9 mars pour aller occuper des cantonnements à Olten et dans les villages des environs.

A la fin de mars, le général Brune quitta la Suisse pour rentrer en France avec sa division, laissant au général Schauembourg le commandement en chef de l'armée d'Helvétie.

Les petits cantons ayant refusé d'accepter la

nouvelle constitution continuèrent à préparer la résistance et se donnèrent pour chefs les colonels Paravicini et Rœding. Des troubles éclatèrent sur plusieurs points. Un commencement de révolte à Thun fit passer la 38e sous les ordres du général Jordy, et motiva son envoi à Munzingen, à deux lieues de Berne, dans la vallée supérieure de l'Aar.

La demi-brigade était depuis deux jours dans ses nouveaux cantonnements, lorsque, le 28 mars, éclata dans le village de Munzingen un incendie terrible, qui consuma en une demi-heure dix maisons. Toute la partie supérieure du village aurait été réduite en cendres sans les prompts secours des pompes arrivées de Berne, ainsi que le dévouement et l'activité que déployèrent les officiers et les soldats de la 38e.

Ceux-ci ne se contentèrent pas d'avoir empêché un grand malheur, ils voulurent contribuer à adoucir immédiatement le sort des malheureux incendiés, en leur faisant remettre la somme de 600 francs. Les soldats comme les officiers participèrent à cet acte d'humanité.

Le 5 avril, la demi-brigade quitta Munzingen pour aller occuper des cantonnements à Burgdorff et dans quelques villages situés entre ce bourg et Huttvyl.

A cette date, l'armée était partagée en trois brigades, réparties de la manière suivante :

La première brigade, dite d'avant-garde, et composée de la 14e légère, de la 76e de ligne, du 8e hussards et de 6 pièces, était commandée par le général Jordy : elle occupait les deux rives du lac de Thun, les débouchés du Valais, par le Grimsel et la Gemmi, celui du canton d'Unterwalden et ceux de Lucerne ; un bataillon assurait les communications avec Berne. Le quartier général était à Thun.

La 2e brigade (31e et 97e de ligne, 7e hussards et 3 pièces), sous les ordres du général Lorge, occupait Fribourg et Berne, tenait les débouchés du Valais par Farvaquié et Gruyères, et les ponts de Neunegg, de Laupen et de Gumingen.

La 3e brigade (3e et 16e légères, 38e de ligne, 18e de cavalerie et 3 pièces), sous les ordres du général Nouvion, avait son quartier général à Thunstetten, et gardait l'entrée de l'Emmethal, par Burgdorff, les routes de Lucerne à Soleure et à Olter, par Huttvyl et Zofingen, et les ponts, sur l'Aar, de Wangen et d'Aarwangen ; elle avait, en outre, des garnisons à Aarbourg et à Soleure.

Le disséminement des troupes françaises était bien fait pour engager les chefs des cantons dissidents à provoquer une contre-révolution. Aussi le général Schauembourg fut-il informé, le 21 avril, que des rassemblements nombreux se formaient dans les cantons de Glaris, d'Uri, de Schwitz et de Zug, que Zurich était menacé, et que le feu de l'insurrection s'était communiqué à plusieurs communes des bailliages libres et du comté de Baden. Le général prescrivit aussitôt à la 76e cantonnée sur la route de Berne à Langnau, au 8e hussards cantonné à Thun, au 2e bataillon de la 16e légère cantonné à Wangen, et à une section d'artillerie et à la 38e cantonnées à Burgdorff de se mettre immédiatement en route de manière à se rassembler à Lenzbourg (Basse-Argovie) dans la nuit du 26 au 27 avril sous les ordres du général Nouvion.

Par suite de cet ordre, la 38e quitte Burgdorff

le 25 avril pour aller à Thunstetten. Elle est à Shur le 27, et à Lenzbourg le 28.

Dans l'intervalle, sur un nouvel avis de la fermentation des petits cantons, le général en chef se décida, le 24 avril, à un mouvement général de l'armée.

La 13e légère, le 7e hussards et l'artillerie légère, quittèrent leurs cantonnements de Thun, de Fribourg et de Berne, pour se réunir à marches forcées, dans la nuit du 28 au 29 avril, à l'abbaye de Muri, dans les bailliages libres, sous les ordres du général Jordy. Un bataillon de la 31e se porta de Fribourg à Thun.

Le 28 avril, la 38e reçut à Lenzbourg l'ordre de se porter sur Muri et de rejoindre la brigade Jordy.

La réunion de ces colonnes ne s'exécuta pas assez tôt pour empêcher les colonels Paravicini et Rœding de s'emparer de Lucerne et de Zurich, le 28 et le 29 avril. Le 29, la brigade Nouvion passa la Reuss à Mellingen, après un léger combat, la Limmat à Baden, et arriva le même jour à Zurich. Ses avant-postes s'étendirent sur les deux rives du lac jusqu'à Horgen et Meilen.

La brigade Jordy quitta Muri se dirigeant sur Zug. Elle passa la Reuss au pont de Sins, et vint prendre position à Zug, après avoir désarmé 3,000 paysans surpris par l'arrivée inopinée des Français. La brigade se relia avec les avant-postes de Nouvion par l'Albis et Sihlbrugg.

La 38e trouva, en arrivant à Muri, l'ordre de se porter, le lendemain matin, sur Lucerne avec un escadron du 7e hussards et trois pièces d'artillerie légère, pendant que cinq compagnies de la 109e, dont un bataillon venait de renforcer la brigade Jordy, se porteraient sur Küssnacht. Le général Jordy pensait que ce dernier détachement trouverait peu de résistance à Küssnacht, qui devait être dégarni par suite de la marche des insurgés sur Lucerne, et il espérait leur couper ainsi toute retraite. Ce point était en effet le seul par lequel ils pouvaient se retirer en abandonnant Lucerne.

Le 30 avril, la 38e demi-brigade trouva Lucerne abandonnée. Après avoir pillé la ville et l'arsenal, les insurgés avaient regagné Küssnacht, emportant, avec les armes, des vivres et 20,000 livres de contributions. Cette circonstance fut cause que les compagnies de la 109e trouvèrent devant elles un ennemi bien supérieur en nombre, et échouèrent dans leur attaque.

Néanmoins, comme la possession de Küssnacht était très importante pour la continuation des opérations, le général Jordy fit de sérieuses dispositions pour l'attaquer le lendemain.

Le 1er mai, le 3e bataillon de la 38e, un escadron du 7e hussards, et 3 pièces de canon se portèrent de Lucerne sur Küssnacht, et l'attaquèrent de concert avec les cinq compagnies de la 109e. En outre, six compagnies de la 14e légère marchèrent sur Arth, par la rive gauche du lac de Zug, pour menacer le seul chemin praticable de Küssnacht sur Schwitz, et donner aux insurgés des inquiétudes sur leur retraite. Ce mouvement produisit l'effet attendu : les insurgés se retirèrent presque tous sur Arth. Mais, par suite de ce mouvement, et pendant que nos troupes entraient à Küssnacht sans résistance, les compagnies de la 14e légère, qui marchaient sur Arth, attaquèrent avec désavantage et furent obligées de prendre position à Walchwyl.

Le même jour le général Nouvion subdivisa sa brigade en deux colonnes qui s'avancèrent par les deux rives du lac de Zurich. Celle de gauche chassa les insurgés de Rapperschwyl après un combat très vif. Celle de droite, commandée par l'adjudant général Fraissinet, rencontra une vivre résistance à Richterschwyl, que défendait un corps de 4,000 paysans. Après un combat opiniâtre qui dura six heures et, grâce à un renfort de 400 hommes, Fraissinet parvint à rejeter les Suisses sur Schindellegi. Les contingents de Glaris et de Sargans firent leur soumission.

Le général Schauembourg aurait voulu profiter de ces premiers succès pour se porter dès le lendemain sur Ensielden, mais la dispersion de la brigade Jordy, qui avait des détachements à Lucerne, à Walchwyl et à Sihlbrugg, fit retarder ce mouvement d'un jour.

L'abbaye de Notre-Dame-des-Ermites, près d'Ensielden, était considérée comme le principal foyer de la révolte. Quatre chemins y conduisent. Le premier, venant de Rapperschwyl, très escarpé, parce qu'il traverse le mont Etzel, mais praticable aux trois armes, traverse la Sihl au Pont-du-Diable.

Le second part de Richterschwyl et traverse la Sihl à Schindellegi. Les insurgés occupaient au sud de ce village une très forte position. Au-delà de Biberbrüch ce chemin se partage en deux branches : l'une suit le torrent de l'Alp ; l'autre arrive à Ensielden par les hauteurs. Ce dernier chemin est rejoint, à une lieue de l'abbaye, par la route de Schwitz, passant par Rothenthurm et Sattel. Sur ce dernier point se croisent le chemin de Zug par le Morgarten, et celui d'Arth par Steinerberg ; le premier, praticable à l'infanterie seulement ; le second, à l'artillerie et à la cavalerie.

Un quatrième chemin conduit directement de Schwitz à l'abbaye par le col de Haggen et la vallée de l'Alp, mais ce n'est qu'un sentier praticable pour les piétons seulement.

Il fut décidé que les brigades des généraux Nouvion et Jordy combineraient leur marche sur l'abbaye, de manière à envelopper les insurgés réunis entre Sattel, Ensielden et Schindellegi, et à terminer cette guerre d'un seul coup.

Les six compagnies du 2e bataillon de la 38e laissées à Lucerne devaient être relevées, dans la soirée du 2 mai, par un bataillon de la 97e. Le 3 mai, les deux bataillons de la 38e se réuniraient à Arth à sept compagnies de la 14e légère, pour marcher sur Sattel. Le reste de la 14e légère, avec un bataillon de la 16e légère, et un bataillon de la 109e, devaient également se porter sur Sattel, par le chemin de Morgarten, et s'y réunir à la colonne venant d'Arth. Leur jonction opérée, ces deux colonnes laisseraient à Sattel une forte réserve pour s'opposer aux secours qui viendraient de Schwitz, et marcheraient ensuite sur l'abbaye. Un poste devait aussi être laissé à l'embranchement du chemin de Schindellegi.

L'artillerie de la brigade fut dirigée, sous l'escorte du 7e hussards, par le chemin de Menzingen et de Hütten, qui était le seul qu'elle pût suivre. Elle devait se porter sur Schwitz, le

4 mai, si la prise de l'abbaye n'amenait pas la soumission des insurgés.

La brigade Nouvion devait laisser un bataillon de la 3e en observation devant Schindellegi. L'autre bataillon de cette demi-brigade, et quelques compagnies, qui avaient été tirées de la garnison de Soleure, devaient occuper l'extrémité sud du pont de Rapperschwyl, et garder la route de Glaris.

Le 8e hussards, la 76e de ligne et l'artillerie légère devaient se porter sur Notre-Dame-des-Ermites par le chemin de l'Etzel.

Pour préparer ce mouvement, le général Nouvion reçut l'ordre, le 2 mai, de faire occuper le mont Etzel et le village de Schindellegi.

Le même jour, un bataillon de la 76e prit position sur l'Etzel sans rencontrer d'obstacles. Un autre bataillon de cette demi-brigade fut chargé, avec quelques compagnies de la 3e, de s'emparer de Schindellegi. Ce village était défendu par quinze cents Suisses, qui se battirent avec le plus grand courage; ils furent cependant obligés d'abandonner aux Français la possession de ce poste et du pont sur la Sihl.

Le lendemain matin, les troupes de Nouvion descendirent de l'Etzel, passèrent la Sihl, au Pont-du-Diable, où elles s'emparèrent de 4 pièces, et marchèrent sur l'abbaye. Le petit corps d'insurgés qui en défendait les approches se fit hacher en pièces sans pouvoir les arrêter. Les moines profitèrent de ce combat pour évacuer l'abbaye et enlever le trésor.

L'attaque de la brigade Jordy ne fut pas aussi heureuse. Les communications étant fort difficiles, les troupes ne purent être rassemblées à temps, tandis que les insurgés, postés à Sattel, à Rothenthurm et sur le Morgarten, furent renforcés par tous ceux qui avaient été refoulés par la brigade Nouvion, dans la soirée du 2.

Le bataillon de la 16e légère et plusieurs compagnies de la 14e légère furent d'abord repoussés des positions du Morgarten, dont ils s'étaient emparés, mais ils parvinrent à gagner les hauteurs qui dominent Sattel et Rothenthurm, et obligèrent les insurgés à la retraite.

Malheureusement les troupes qui devaient se réunir à Arth, pour marcher sur Sattel, ne purent faire leur jonction. Les six compagnies du 2e bataillon de la 38e, n'ayant été relevées à Lucerne que dans la nuit du 2 au 3 mai, étaient dans l'impossibilité de rejoindre le reste de la demi-brigade. Celle-ci trouva l'ennemi dans une excellente position, entre le Righi et le lac de Zug, en arrière d'un ravin large, profond et escarpé. Il était impossible de tourner cette position, et l'attaque de front laissait peu d'espoir de succès. Néanmoins, un combat très vif s'engagea; nos braves soldats se battirent comme des gens habitués à vaincre, et leur valeur faillit triompher des obstacles de la nature et de la ténacité des Suisses. Il fallut cependant rétrograder et attendre des renforts pour renouveler l'attaque. La 38e perdit dans cette affaire 14 tués et 23 blessés, parmi lesquels le lieutenant Boulanger.

Sur l'autre rive du lac de Zug, sept compagnies de la 14e légère, qui devaient concourir à l'attaque d'Arth avec la 38e, se trouvèrent livrées à leur propre force, par suite de l'insuccès de cette demi-brigade, et leur attaque échoua.

Ces troupes restèrent dans leurs positions toute la journée du 4 mai. Les compagnies du 2e bataillon de la 38e n'arrivèrent qu'à 10 heures du soir.

Le 5, au matin, au moment où l'attaque allait recommencer, on apprit la conclusion d'un armistice. Dans la soirée du 3 mai, les délégués du canton de Schwitz avaient en effet obtenu une suspension d'armes de 24 heures. Le lendemain ils signèrent une convention par laquelle le canton de Schwitz adhérait à la nouvelle constitution helvétique. Les Français, de leur côté, devaient laisser aux habitants des petits cantons leurs armes et le libre exercice de leur culte. Les cantons d'Uri et d'Unterwald déposèrent les armes aux mêmes conditions.

A la suite de cet événement, le général Schauembourg dirigea la brigade Nouvion, et une partie de celle du général Jordy, sur Appenzel, Saint-Gall et Sargans, où la division des habitants faisait craindre de nouveaux troubles. Les dissidents étaient assez nombreux, mais l'arrivée des troupes les fit rentrer dans l'ordre.

La 38e demi-brigade passa la journée du 6 mai dans ses positions de la veille. Le 7 mai, le 2e bataillon fut cantonné à Zug et à Oberwyl, et le 3e à Küssnacht.

Le 9 mai, lorsque les cantons d'Appenzel et de Saint-Gall eurent fait leur soumission, l'organisation des brigades fut de nouveau modifiée. La 38e passa sous les ordres du général Nouvion avec la 109e, le 11e hussards et une section d'artillerie. Cette brigade eut son quartier général à Lentzbourg, et occupa le Frikthal et les villes de Zurich, Baden, Brugg et Olten.

La brigade Jordy, composée des 76e, 103e de ligne, 7e hussards et une section d'artillerie, occupa Lucerne, Küssnacht, Zug, Morgarten et Rapperschwyl.

A la fin de mai tous les cantons de la Suisse, à l'exception des Grisons, qui hésitaient encore, étaient définitivement constitués en république helvétique, conformément au plan du gouvernement français.

La 38e quitta Zug le 13 mai pour aller occuper des cantonnements sur la frontière du Frikthal, depuis le confluent de l'Aar jusqu'à Bale-Angst.

Dans le courant de juillet elle fut envoyée à Lentzbourg et à Olten.

Le 17 octobre, le 2e bataillon reçut l'ordre d'aller tenir garnison à Zurich, et le 3e vint cantonner aux environs de Brugg.

Le 26 octobre, le 2e bataillon fut envoyé à Berne, où il arriva le 31 ; le 3e bataillon occupa successivement Soleure, Fribourg et Aarbourg.

A la fin de novembre, les deux bataillons furent envoyés au Saint-Gothard, et, le 30 de ce mois, ils occupaient les cantonnements suivants : le 2e bataillon à Gœschenen et Wasen ; le 3e bataillon à Andermatt, Hospental, Lasdorf et Réalp.

Les bataillons de guerre de la 38e reçurent, à la même époque, un renfort de 600 recrues, venant de Genève, où le 1er bataillon avait été envoyé à la fin de la campagne. Ce bataillon avait été momentanément détaché à Sainte-Croix pour réprimer une révolte, puis il avait quitté Morteau pour aller tenir garnison à Besançon, où il ne resta que quelques jours. Il eut aussi à fournir un détachement de sous-officiers et de soldats à la 101e demi-brigade, l'une des 16 nouvelles demi-brigades créées par le décret du 16 octobre 1798.

CAMPAGNE DE 1799

I

CONQUÊTE DE L'ENGADINE

Situation des belligérants. — Premières opérations de l'armée d'Helvétie et dispositions du général Lecourbe. — 7 mars : Passage du San-Bernardino. — 11 mars : Combats de Sylva-Plana et de Ponte. — 14, 15 et 17 mars : Combats de Martinsbrück. — 25 mars : Combats de Taufers et de Nauders. — Réunion des armées d'Helvétie et du Danube.

L'année 1799 rappelle une des plus tristes époques de notre histoire nationale. Cette année faillit voir la ruine de la France et son invasion par les armées de la coalition.

Les menées du Directoire, l'occupation de la Suisse, l'invasion des Etats de l'Eglise et du royaume de Naples par les armées françaises, autant que l'assassinat de nos plénipotentiaires à Rastadt, avaient rendu inévitable la reprise des hostilités. Cependant la France ne paraissait guère en état de tenir tête à l'Europe. Les caisses de l'Etat étaient vides, le crédit ruiné, et l'élite de nos soldats guerroyait en Egypte, sous le plus heureux, sinon le plus habile, de nos généraux.

Il s'agissait néanmoins pour la République de garder à la fois la Hollande, le Rhin, la Suisse et l'Italie. Nos armées étaient éparpillées sur tout cet immense théâtre de guerre. Nous avions 10,000 hommes en Hollande ; 5,000 hommes sur le Rhin ; 40,000 hommes à l'armée du Danube, sous les ordres de Jourdan ; 50,000 hommes à l'armée d'Italie, sous Scherer ; 30,000 hommes à celle de Naples, sous Championnet ; et enfin 30,000, sous les ordres de Masséna, à l'armée d'Helvétie.

L'Autriche, de son côté, avait formé une alliance étroite avec l'Angleterre et la Russie. Grâce à l'activité de ses armements, elle pouvait mettre en ligne trois armées. La première, forte de 65,000 fantassins et 24,000 chevaux, était réunie derrière le Lech, sous les ordres de l'archiduc Charles. Ce prince avait encore sous ses ordres le général Hotze, qui gardait le Voralberg avec 26,000 hommes, et le général Auffemberg, qui occupait le pays des Grisons avec une division de 10,000 hommes. Le deuxième armée, sous les ordres du comte de Bellegarde, était forte de 48,000 hommes, et occupait la vallée de l'Inn. L'armée d'Italie comptait 85,000 hommes, dont 15,000 cavaliers. En sorte que le total de ces trois armées formait plus de 250,000 hommes, sans compter 70,000 Russes attendus en trois colonnes.

Afin de compenser l'infériorité de ses ressources, le Directoire avait décidé de prendre l'offensive. L'armée de Jourdan devait passer le Rhin, entre Kelh et Huningue, gagner les sources du Danube, puis se relier avec l'armée de Masséna, qui avait pour mission de chasser les Autrichiens des Grisons et du Voralberg. On espérait s'emparer ainsi du saillant que forment le Tyrol et le Voralberg sur les États héréditaires de l'Autriche, tourner l'armée impériale d'Italie et la séparer à jamais de celle qui opérait sur les bords du Danube. Ce plan était basé sur la fausse maxime que la possession des montagnes rend maître des grandes vallées ; en outre, l'organisation défectueuse des armées françaises, leur infériorité numérique et la division du commandement le rendaient irréalisable.

Masséna disposait des divisions Lecourbe, Ménard et Xaintrailles. Il occupait, avec le gros de ses forces, la rive gauche du Rhin, entre le lac de Constance et celui de Walenstadt. La brigade Ruby était détachée à Schaffhouse, sur son flanc gauche, pour établir ses communications avec Jourdan. Son aile droite, formée de la division Lecourbe, occupait les vallées supérieures de la Reuss et du Tessin. Cette division, à peine forte de 8 à 9,000 hommes, se composait, au commencement de mars, d'un bataillon de la 76e et de deux bataillons de chacune des 36e, 38e et 44e demi-brigades. Elle disposait, en outre, d'environ 120 chasseurs à cheval, d'un détachement de sapeurs et de quelques pièces de 3 et de 2. Les généraux de brigade Loison et Menoni servaient sous les ordres de Lecourbe (1).

---

(1) C'est le 12 novembre 1798 que le général de brigade Lecourbe avait reçu l'ordre de passer du corps du Haut-Rhin à l'armée d'Helvétie. Il prit le commandement de la brigade cantonnée dans les petits cantons et dont le quartier général était à Schwitz. Pendant deux mois, il eut à lutter

La 38e demi-brigade, que nous avons laissée dans la vallée d'Urseren à la fin de l'année 1798, passa le Saint-Gothard le 8 janvier, et occupa, jusqu'au 2 mars, dans les bailliages italiens, les positions suivantes : les compagnies du 2e bataillon, dans les villages d'Airolo, de Piota, d'Embissota, de Dégio, de Faido, de Giornico et de Polégio ; les compagnies du 3e bataillon, dans les villages de Dongio, d'Altanea et d'Aquila, dans le val Blegno.

Conformément aux ordres du Directoire, Jourdan commença ses opérations dès les premiers jours de mars. Après avoir passé le Rhin aux ponts de Kehl et de Bâle, son armée entra en Souabe. Nous avons vu qu'il avait pour adversaire l'archiduc Charles, dont l'armée était forte d'environ 70,000 hommes.

---

contre l'hostilité des populations et le mauvais vouloir des agents du gouvernement helvétique ; il ne parvint à éviter un soulèvement qu'en maintenant parmi ses troupes une discipline sévère, et en usant à l'égard des habitants d'autant de modération que de prudence et de fermeté. Néanmoins, il ne tarda pas à être fatigué de cette situation critique et, le 2 février 1799, demanda son changement, qui lui fut accordé par le général Masséna ; le général Lorge fut même désigné pour le remplacer dans le commandement de la brigade de Schwitz. Il s'en fallut de peu que les belles opérations qui devaient tant contribuer aux succès de l'armée d'Helvétie et au salut de la France n'eussent jamais lieu. Heureusement pour Lecourbe et pour l'armée, sa nomination au grade de général de division arriva au moment où il allait s'éloigner de Schwitz.

Pendant que l'armée du Danube se rapprochait du lac de Constance, et s'avançait jusqu'à Stokach, l'armée de Masséna se mit en mouvement. Le général Xaintrailles fut chargé de seconder les opérations du centre, et d'entretenir les communications avec l'armée du Danube. La brigade Oudinot passa le Rhin près de Verdenberg, et se porta sur Feldkirch, pour empêcher Hotze de renforcer le corps des Grisons. Ménard, au centre, devait forcer le passage du fleuve à Flaesch, et enlever les retranchements de Luciensteig, pendant que le général Demont, originaire de ce pays et connaissant les lieux, tournerait les hauteurs de Coire en s'emparant des ponts de Reicheneau. A l'aile droite, la division Lecourbe reçut l'ordre de pénétrer dans l'Engadine.

Le but de Masséna, en ordonnant au général Lecourbe de s'avancer dans l'Engadine, était de s'emparer des sources de l'Inn et de l'Adige, et de se trouver ainsi en possession d'une position regardée comme la clef de l'Allemagne et de l'Italie. La division Dessoles, de l'armée d'Italie, qui occupait la Valteline, reçut en même temps l'ordre de seconder les opérations de Lecourbe, et fut même placée sous le commandement de ce général.

La mise en mouvement de tous les corps de l'armée d'Helvétie étant fixée au 6 mars, Lecourbe avait, dès le 3, concentré autour de Bellinzona les 36e, 38e et 44e demi-brigades, et il avait appelé à Airolo le 1er bataillon de la 76e. Chaque demi-brigade forma une compagnie d'éclaireurs.

Lecourbe n'avait d'autre chemin pour gagner

l'Engadine que celui de Splügen et de Thusis. Cependant si le chemin de la Forcola avait été praticable, il aurait pu se porter sur Chiavenna, et tenter de pénétrer dans l'Engadine en remontant la vallée de la Mera. Mais il avait reçu de Masséna l'ordre de faire appuyer par un détachement l'attaque du général Demont. Il fit ses préparatifs en conséquence.

Le général Loison reçut l'ordre de se porter sur Dissentis et Ilanz, en passant par le val Sainte-Marie et le col de Lukmanier; sa colonne, forte d'environ 1,200 hommes, et composée du 1er bataillon de la 76e et de deux compagnies de grenadiers de la 36e, devait rejoindre celle qui était chargée de l'attaque de Coire et de Reichenau.

Si la Forcola était praticable, le général Menoni devait gagner Chiavena avec le 2e bataillon de la 38e, commandé par le chef de bataillon Braun, et les deux bataillons de la 44e, et rallier à Splügen la colonne du centre. Celle-ci, composée du 3e bataillon de la 38e, des deux bataillons de la 36e et de 10 compagnies de grenadiers, passerait le San-Bernardino et marcherait sur Spülgen et Thusis ; Lecourbe s'en était réservé le commandement. Si Menoni éprouvait trop de difficultés à passer la Forcola, sa colonne devait suivre la même direction que celle de Lecourbe. En prévision de cette éventualité, le général Dessoles reçut l'ordre d'envoyer un détachement sur Splügen, par le val San-Giacomo, pour seconder l'attaque qui serait faite par le val Misocco et le San-Bernardino.

Le général Dessoles devait, en outre, protéger le flanc droit de la division Lecourbe, en faisant occuper Bormio, et il lui était prescrit de se mettre en mesure de marcher sur Glurns et Sainte-Marie. dans la vallée du haut Adige, pour en chasser les Autrichiens, et seconder ainsi l'attaque de l'Engadine.

Le 6, au matin, les colonnes de Loison, de Menoni et de Lecourbe se mirent en mouvement. Les deux dernières furent rassemblées sur la route de Misocco, entre Bellinzona et Orbedo. Menoni prit les devants, mais il essaya vainement de franchir la Forcola ; sa colonne revint sur ses pas et coucha à Souazza. La colonne de Lecourbe arriva jusqu'au pied du San-Bernardino, et, après quelques coups de fusil tirés de part et d'autre, passa la nuit dans le village de Misocco. Tous les corps de la division avaient quatre jours de vivres dans le sac et 60 cartouches.

Le lendemain, par un temps affreux, toute la division traversa le San-Bernardino. La neige qui tombait en abondance obstruait les sentiers, et empêchait même d'en trouver la trace ; un vent glacial la jetait à la figure de nos soldats. On employa douze heures à franchir ce passage. Les Autrichiens et les paysans armés ne tinrent pas ; tous leurs postes furent enlevés. La division eut trois soldats tués et deux blessés ; quatre autres moururent de froid.

Ce même jour, les bataillons aux ordres de Menoni cantonnèrent à Hinterrheim ; ceux de Lecourbe à Nufnen ; les éclaireurs poussèrent jusqu'au village de Splügen, et pénétrèrent même dans la vallée de Tiefenkasten. Le bataillon de la 12e légère, détaché dans le val de San-Giacomo par Dessoles, n'arriva à Splügen que le 8 au matin. Lecourbe le renvoya à Chiavenna.

La division resta dans ces positions pendant la journée du 8, pour attendre l'arrivée de ses convois. Le 9, elle se porta sur Thusis, où Lecourbe apprit le succès de Masséna, qui venait de prendre dans Coire le général Auffenberg et la plus grande partie de la division des Grisons. Ce succès n'était cependant pas complet, car la colonne Oudinot avait échoué dans son attaque contre Feldkirch, et le détachement du général Loison n'avait pas pu s'emparer de Dissentis. Ce dernier avait même été obligé de se replier sur Urseren (1), par la route de l'Ober-Alp, après avoir perdu trois compagnies. Il ne reprit son mouvement offensif que le lendemain, quand l'arrivée de Demont à Reichenau eut obligé les Autrichiens à abandonner Dissentis.

La division Lecourbe ne s'arrêta qu'une journée à Thusis. Arrivé à Tiefenkasten, le général Menoni se dirigea, avec les deux bataillons de la 44e et le 2e bataillon de la 38e, vers les sources de l'Inn, par la vallée de l'Oberhalbstein, tandis que Lecourbe remontait la vallée de l'Albula. La marche des deux colonnes, pour atteindre son but, devait coïncider avec celle de la division Dessoles sur Bormio, et le haut

---

(1) La vallée d'Urseren contient quatre villages, Andermatt, Hospenthal, Réalp et Zumdorf. Le premier est le plus considérable ; Hospenthal ne consista longtemps qu'en un hospice au pied du Saint-Gothard pour les voyageurs qui suivaient cette route. Réalp, bâti sur la route du Valais et presque à la base de la Furca, n'était qu'un amas de chétives habitations, ainsi que Zumdorf.

Adige. Par suite de circonstances diverses, les mouvements des corps de la division de la Valteline furent retardés, et Lecourbe eut à lutter seul contre toutes les forces autrichiennes.

Il avait pour adversaire, ainsi que nous l'avons déjà dit, le comte de Bellegarde, qui était chargé, avec une armée de 48,000 hommes, de la défense du Tyrol, dont la possession avait été jugée capitale pour assurer les communications entre les armées impériales du Danube et d'Italie. Le général autrichien ne sut pas profiter de sa grande supériorité numérique pour prendre une vigoureuse offensive et lier ses opérations au corps d'Hotze qui avait la garde du Voralberg et des Grisons. Il confia au général Laudon la défense des diverses entrées des vallées supérieures de l'Inn et de l'Adige. Celui-ci dispersa toutes ses forces dans les montagnes, et fit occuper tous les sentiers qui conduisent des vallées de Munster, de Bormio, de Davos et de la Landquart dans l'Engadine et la vallée de Glurns.

Il réunit quatre bataillons à Zernets, où il avait son quartier général, cinq entre Taufers et Sainte-Marie, dans le Munster-Thal, et trois à Nauders. Il ordonna, enfin, à deux bataillons qui tenaient les postes des vals Bregaglia et Poschiave de se replier sur Zernets.

Bellegarde avait, en outre, six bataillons dans la vallée de l'Ill, autant à Botzon, et sa réserve à Landeck. Cet éparpillement des postes autrichiens devait singulièrement favoriser les opérations des colonnes françaises (1).

---

(1) Les difficultés que présente la défense d'un pays de montagnes, et les inconvénients qui ré-

Le 11 mars, les Français avaient déjà forcé l'entrée de la vallée de l'Inn. Le général Menoni, débouchant par le Julier, surprenant les postes de Sylva-Plana, et une petite colonne, qu'il avait eu le soin de détacher de Bivio sur Casacchia, par le Septimer, coupait la retraite au ba-

---

sultent de la multiplicité des passages avaient inspiré au duc de Rohan les réflexions suivantes :

« Cependant, nouvelles arrivaient de divers lieux que l'Empereur avait donné des ordres d'attaquer non seulement la Valteline par Bormio, mais d'entrer en même temps dans le pays des Grisons par divers endroits, ce qui obligea Rohan d'envoyer reconnaître, par personnages experts en telle matière, tous les passages qui se trouvèrent innombrables ; et c'est bien alors que l'on reconnut véritable que les montagnes sont comme plaines et qu'elles n'ont pas seulement les chemins accoutumés et fréquentés, mais plusieurs autres, lesquels, bien qu' ls ne soient pas connus aux étrangers, le sont aux gens du pays, par le moyen desquels on sera toujours mené au lieu qu'on désire, en dépit de ceux qui voudront s'y opposer, de sorte qu'un sage capitaine ne se hâtera jamais à garder des passages, mais bien se résoudra-t-il plutôt à attendre l'ennemi en campagne pour le combattre, ce qui peut sembler étrange à qui n'en a pas vu le succès par expérience. Ainsi, en la présente occasion, on croyait être assuré des montagnes, comme autant de forteresses ; il se trouva qu'on était ouvert de tous les côtés, et qu'à mesure qu'on bouchait un trou, on en découvrait dix, de sorte qu'il n'eût pas fallu une bonne armée, mais plusieurs pour garder le pays. » (*Mémoires et lettres de Henri duc de Rohan,* sur la guerre de la Valteline, publiés par le baron de Zur-Lauben, 1763. — Tome I, page 159.)

taillon autrichien qui venait du val Bregaglia. Ce bataillon et celui du val Poschiavo furent rejetés dans la vallée de l'Adda, où ils furent cernés et pris par la brigade italienne de Lecchi.

La colonne de Lecourbe déboucha le même jour par la vallée de l'Albula, et ses éclaireurs s'emparèrent de Ponte; mais ils ne purent s'y maintenir, parce que le général Laudon, informé dans la soirée du 10 de l'arrivée des Français, se porta rapidement à leur rencontre avec tous les bataillons qu'il avait sous la main. La lutte fut vive, mais l'avant-garde de Lecourbe se cramponna sur les flancs de la montagne, et ce fut en vain que les Autrichiens firent les plus grands efforts pour la déloger.

Le lendemain 12 mars, Lecourbe reprit l'attaque de Ponte avec les deux bataillons de la 36e, pendant que le 3e bataillon de la 38e se portait sur les derrières de l'ennemi par le mont Scaletta, et descendait sur les villages de Madulein et de Zust. Sur tous les points l'ennemi était en nombre considérable et sa résistance fut des plus vives. La fusillade dura jusqu'à 2 heures après midi. Laudon, pris entre deux feux, se décida à battre en retraite, mais ce ne fut pas sans peine qu'il s'échappa des mains des Français. Les grenadiers de Lecourbe se précipitèrent dans le village de Ponte, culbutèrent les Autrichiens, et les poursuivirent la baïonnette dans les reins.

Dans la soirée, Laudon abandonna précipitamment Zernets, et se replia sur Sainte-Marie par la vallée de Munster, laissant sur le champ de bataille un grand nombre de morts et de blessés, et 3,200 prisonniers, dont 53 officiers. Tous les petits postes éparpillés dans les montagnes furent pris.

Dans cette journée, où seulement deux bataillons, sur trois, furent sérieusement engagés les Français perdirent une soixante d'hommes tués ou blessés. Le capitaine Prinus, de la 38e, et un capitaine de la 36e, furent tués.

L'enivrement du premier succès entraîna Lecourbe à tenter une attaque audacieuse contre Martinsbrück, dans l'espoir de s'emparer de Nauders, point important dont la possession devait lui ouvrir la vallée de l'Adige. Il pensait aussi que si Dessoles avait exécuté ses ordres le général Laudon serait pris dans le Munster-Thal. Il prescrivit toutefois au général Menoni de laisser à Zernets un bataillon de la 44e, pour couvrir le débouché de cette vallée, et le pressa de le rejoindre ; puis sans perdre un instant, il se porta en avant. Le 13, il était à Schuls. Le 14, il se porta avec ses trois bataillons sur le village de Martinsbrück ; mais l'ennemi retarda sa marche en brûlant quelques ponts, et lui opposa une très vive résistance. Le combat dura jusqu'à la nuit. Voyant ses troupes exténuées de froid et de faim, Lecourbe dut renoncer pour ce jour-là à prendre Martinsbrück. Il établit ses bivouacs à quelque distance de l'ennemi, auprès du village de Schleins.

Le général était dans l'intention de recommencer son attaque dans la journée du 16, lorsqu'il fut prévenu par Laudon. Le 15 au matin, pendant que la garnison de Martinsbrück faisait une fausse attaque, le général autrichien, maître des débouchés du Munster-Thal, lançait deux colonnes sur le flanc des Français, à Zernets et

Schuls. Il dirigeait en personne l'attaque de Schuls. Le général Menoni, qui se trouvait dans ce village, fut surpris, avec quelques officiers, au moment où trois compagnies de grenadiers venaient d'en sortir (1).

Lecourbe approchait de Schuls, où il comptait passer la journée du 15, lorsqu'il s'aperçoit que l'ennemi en est maître ; revenant aussitôt sur ses pas pour chercher du renfort, il ramène le 2e bataillon de la 38e, au moment où celui-ci s'apprêtait à quitter ses cantonnements de Remüs, pour aller soutenir les avant-postes contre l'attaque de la garnison de Martinsbrück. Le bataillon marche sur Schuls au pas de course, reprend le village et fait 300 prisonniers. Il est malheureusement impossible d'enlever aux Autrichiens les prisonniers qu'ils viennent de faire, et qu'ils ont eu le temps d'emmener dans la montagne.

L'attaque contre Zernets fut repoussée avec avantage par le 1er bataillon de la 44e demi-brigade, et la sortie des défenseurs de Martinsbrück n'eut pas de succès. Cette journée coûtait 600 prisonniers aux Autrichiens.

Le 17, Lecourbe tenta une nouvelle attaque contre Martinsbrück. Il voulait seconder le général Desoles, dont il apprenait l'arrivée auprès de Sainte-Marie, et satisfaire Masséna qui le pressait d'occuper la position de Mauders.

---

(1) Les troupes du général Menoni marchaient par échelons, ce qui explique qu'il se soit trouvé isolé au moment de l'attaque des Autrichiens. Le 2e bataillon de la 38e avait déjà traversé Schuls, dans la journée du 14, et était arrivé à Remüs.

Cette attaque ne fut pas heureuse. Trois bataillons devaient attaquer de front Martinsbrück, pendant que le 2e bataillon de la 38e longerait les montagnes pour tourner les retranchements et déboucher sur Funstermunz. Les Français étaient déjà maîtres du village, et 300 ou 400 Autrichiens étaient prêts à se rendre, lorsqu'une terreur subite, occasionnée par quelques cavaliers ennemis, qui s'étaient audacieusement enfoncés dans les bois, s'empara des assaillants. Lecourbe eut beaucoup de peine à les rallier, et perdit 300 ou 400 hommes tués, blessés ou prisonniers.

En quittant Schleins, le 2e bataillon de la 38e s'était engagé dans les bois sans être bien éclairé, et n'avait pas réglé sa marche sur l'attaque qui se faisait à sa droite. Le commandant Braun détacha la 5e compagnie, commandée par le capitaine Tavernier, pour tourner les retranchements de Funstermunz par le pas de Novella, pendant qu'il attaquerait de front avec sept autres compagnies. Malheureusement cette compagnie s'égara et fut prise par les Autrichiens. Le bataillon fut obligé de regagner Schleins sans avoir accompli sa mission.

Cet échec, ainsi que la lenteur de la marche de la division Dessoles, rendait la situation de Lecourbe très critique. Il ne laissa que quelques avant-postes à Schleins et devant Martinsbrück, et assura ses derrières en occupant fortement Zernets, Schuls et Süs.

Les troupes étaient exténuées par les fatigues de toutes sortes éprouvées depuis le 6 mars ; elles n'avaient mangé depuis huit jours que le pain qu'elles avaient pu trouver dans les cantonnements, où les habitants en manquaient pour eux-mêmes. La chaussure était dans un état déplorable. Lecourbe demanda à Masséna des renforts, et pressa Dessoles de s'emparer de Taufers, afin de seconder son attaque sur Nauders.

Masséna lui renvoya le détachement du général Loison qu'il avait conservé dans le Rheinthal depuis la prise de Coire, et lui donna le général Demont pour remplacer Menoni. Ces renforts arrivèrent à Schuls le 21 mars.

Le général Dessoles n'était arrivé à Bormio que le 17 mars. Le lendemain il s'engagea dans le val de Braulio, et livra un premier combat aux Autrichiens, qui occupaient la position des Deux-Tours, puis il emporta d'assaut le fort de Bagni-di-Bormio (1). Des trois cents hommes qui défendaient ce poste, trois seulement purent s'échapper. La division Dessoles franchit ensuite, le 18 mars, à travers les neiges et les glaces, une des plus hautes montagnes des Alpes-Juliennes, le Wormser-Joch, qui sépare les sources de l'Adda de celles de l'Adige. Les passages praticables sont si étroits qu'à peine deux hommes peuvent y passer de front. On parvint cependant à y transporter deux pièces de 3. La division arriva à Sainte-Marie le 19 avec 4,500 hommes. Elle était dénuée de toutes ressources, et Lecourbe, qui n'en avait déjà pas beaucoup, fut obligé de lui envoyer deux pièces de canon, 40,000 cartouches, et les sept derniers sacs de riz de sa

(1) En 1635, le 19 juillet, ce fort avait été emporté d'assaut par les troupes du duc de Rohan. Il était défendu par 300 Autrichiens, dont 200 furent tués.

division, afin de la mettre en mesure d'attaquer Laudon (1).

L'attaque des positions de Martinsbrück et de Nauders, par la division Lecourbe, ainsi que celle des positions du général Laudon, en avant de Glurns par la division Dessoles, fut enfin fixée au 25 mars.

Le général Dessoles se trouvait à Sainte-Marie dans une position telle que le moindre revers pouvait amener un désastre. Il n'avait pour ainsi dire, pas de retraite, et il avait devant lui 7,000 Autrichiens réunis derrière les retranchements formidables de Taufers, sur la route de Glurns.

Ces retranchements formaient deux lignes. La première, comprenant trois ouvrages ouverts à la gorge, et réunis par deux lignes longues de 1,000 pas environ, était couverte par le ruisseau de Vallarola et appuyait sa gauche au lit encaissé du Rambach, et sa droite à des montagnes. Elle était protégée par la seconde ligne, placée à 300 mètres en arrière. Outre cela, 500 à 600 hommes gardaient les hauteurs des deux côtés de la vallée.

(1) La misère des troupes était extrême : « Mon plus cruel ennemi, c'est la faim, écrit Lecourbe à Masséna ; je n'ai encore reçu que 4,000 rations de pain, je ne sais ce qui entrave l'arrivée des convois promis ; faire battre mes troupes sans pain m'est impossible. » — Lecourbe à Masséna, le 2 germinal an VII (22 mars). — « N'ayant plus une once de pain à donner à mes troupes depuis hier, je viens de faire enlever dans quelques communes quelques centaines de livres de pain, le seul qui leur restait. » — Lecourbe à Masséna le 3 germinal an VII (23 mars).

18 pièces étaient en batterie sur ces retranchements.

Dessoles saisit en maître l'unique moyen qui s'offrait d'attaquer la position avec quelques chances de succès. Le lit du torrent, que les Autrichiens avaient compté pour un obstacle, présentait un chemin tout frayé pour manœuvrer à l'abri de leur feu, déborder la ligne, et l'attaquer même à revers. Dessoles s'en aperçoit, et prend son parti en un clin d'œil. Il se met en marche dans la nuit du 24 au 25, et débouche à la pointe du jour de Munster, culbute les avant-postes autrichiens, et dirige aussitôt 3 bataillons de la 12e demi-brigade légère sur Bundweil, pendant qu'un cordon de tirailleurs amuse l'ennemi sur son front. Arrivée à la hauteur du hameau, cette colonne se jette dans le lit du Rambach, le suit jusqu'en face de Taufers, puis, sortant du ravin, s'empare de ce village et de la route de Glurns. Cette manœuvre, non moins hardie que savante, décide de la victoire. Dessoles, à la tête de ses troupes, aborde les retranchements par le pont de Vallarola. La 39e demi-brigade les escalade avec intrépidité, tandis que les cisalpins soutiennent l'attaque à la gauche. Les Autrichiens, ainsi pris entre deux feux, et enfoncés sur tous les points, abandonnèrent le champ de bataille, en y laissant 1,200 tués ou blessés, 4,000 prisonniers, dont 4 colonels, et 150 officiers, ainsi que toute leur artillerie, pièces, caissons et attelages. Cette victoire éclatante n'avait coûté aux Français que 60 tués et 200 blessés (1).

---

(1) Rapport du général Dessoles sur le combat du 5 germinal an VII.

Le combat de Taufers, qui fit beaucoup d'honneur au général Dessoles, ne fut que le prélude des désastres du général Laudon. Ce général voulut chercher un refuge à Nauders, mais, arrivé à Reschen, il apprit que cette ville était au pouvoir des Français. Sa position était affreuse : pris entre deux colonnes victorieuses, il n'avait d'autre ressource que de se jeter au milieu des gorges et des glaciers du massif de l'Oetz-Thal, pour essayer de gagner Landek. Il faillit périr dans les neiges, et ne rejoignit ses réserves qu'avec 300 hommes, faibles débris d'un corps qui en comptait, trois jours auparavant, plus de 10,000.

Lecourbe avait été aussi heureux que son collègue. Informé par ces reconnaissances que deux bataillons seulement gardaient Martinsbrück, et que la réserve de quatre bataillons, sous les ordres du général de Briey, cantonnait à Nauders, sur la rive droite, tandis que les Tyroliens tenaient la montagne jusqu'à Reschen, entre Glurns et Nauders, il résolut de forcer la chaîne de ces derniers pour prendre ensuite l'armée à revers. Le général Loison, avec la 36e et le 1er bataillon de la 76e, reçut l'ordre de passer l'Inn entre Remüs et Strada, afin de gravir les hautes montagnes de la rive droite, jusqu'alors jugées inaccessibles. Il devait déboucher par la route de Reschen, et prendre en flanc la position de Nauders, en même temps qu'un détachement, qui était parvenu sur les hauteurs de Saint-Norbert, l'assaillirait de front.

Le général Demont fut chargé, avec les deux bataillons de la 44e, de se porter de Schleins sur Martinsbrück, par les montagnes de la rive gauche, pour tourner les retranchements ; il devait ensuite marcher rapidement sur Funstermunz, pour couper la retraite aux défenseurs de Nauders. Les deux bataillons de la 38e et les compagnies de grenadiers, restés sous les ordres directs de Lecourbe, devaient attaquer de front par la vallée et constituer la réserve.

Après une marche aussi hardie que pénible, et un combat où les Impériaux perdirent beaucoup de monde, Loison les rejeta en désordre sur Funstermunz, et les força d'abandonner les deux bataillons de Martinsbrük.

Vers 3 heures de l'après-midi, lorsque Lecourbe vit que les colonnes de flanc étaient assez avancées pour couper la retraite à l'ennemi, il ordonna l'attaque des positions de Martinsbrük, et lança les grenadiers de la 38e sur le village. Ceux-ci abordèrent l'ennemi à la baïonnette avec une intrépidité étonnante. Le lieutenant Bertry, le sergent-major Colin, et le fourrier Colinet, de la 3e compagnie de grenadiers de la 38e, s'élancèrent audacieusement sur une batterie qui couvrait de mitraille les assaillants, prirent ou tuèrent les canonniers au moment où ils allaient mettre le feu à une pièce, et retournèrent cette pièce sur les Autrichiens qui fuyaient. Après une lutte des plus vives, mais qui fut admirablement conduite par Lecourbe, la plupart des défenseurs de Martinsbrük mirent bas les armes. Le général Demont, arrêté par le mauvais état des chemins, ne put cependant arriver à Funstermunz que le lendemain matin.

Le capitaine Gauthier, aide de camp de Lecourbe, et futur commandant de la 38e, se distingua dans ce combat en chargeant à la tête de deux compagnies de grenadiers.

Plus de 2,000 prisonniers, 12 canons et 1 obusier furent le prix de ce combat, qui coûta encore à l'ennemi un grand nombre de morts et de blessés. Mais la meilleure prise fut celle d'un convoi de pain dont les troupes avaient le plus grand besoin.

Les pertes de la division furent d'environ 80 tués ou blessés. La 38e perdit 30 hommmes tués ou blessés. Le sous-lieutenant Romain fut tué, le sous-lieutenant Dorieux, blessé. Le lieutenant Bertry reçut sur le champ de bataille le grade de capitaine, et le sergent-major Colin fut fait sous-lieutenant (1).

Après cette double victoire, Dessoles s'empara de Glurns, et Lecourbe poussa son avant-garde jusqu'à Pfunds, sur la route de Landeck. Les Français étaient maîtres de deux grandes vallées du Tyrol.

« Jamais succès, dit Jomini, n'avait été plus brillant et mieux mérité. Il faut connaître ces contrées âpres et sauvages, couvertes de neiges la plus grande partie de l'année, pour apprécier

---

(1) Lecourbe dit dans son rapport : « Je ne puis assez louer la conduite des 36e, 38e, et 44e demi-brigades et du 1er bataillon de la 76e. Les grenadiers de la 38e et de la 76e ont, par leur brusque attaque, décidé l'affaire ; je vous prie de les faire noter honorablement. » — Lecourbe à Masséna, 6 germinal an VII (26 mars 1799).

Ce combat a laissé dans la mémoire des habitants de la contrée un souvenir ineffaçable ; à Martinsbrück, on montrait encore, il y a quelques années, le tronc d'un arbre d'où Lecourbe, assis, dirigeait les mouvements de ses colonnes.

tout ce que les troupes eurent à souffrir dans cette glorieuse, mais trop inutile expédition. Les généraux n'y déployèrent pas moins de talents que leurs soldats de courage, de résignation et de dévouement. »

Les succès de Lecourbe restèrent sans résultats par suite des échecs que nos armées éprouvèrent, à la même époque, sur les bords du Rhin et en Italie. Après s'être rendus maîtres du canton des Grisons, les Français échouèrent contre Feldkirch; Masséna (1) sacrifia, pour la prise de cette position importante, toute l'élite de son armée. De son côté, Jourdan avait vainement essayé de forcer l'archiduc Charles dans ses positions d'Ostrach et d'Engen. Le 25 mars, les Autrichiens prirent à leur tour l'offensive. Après une bataille acharnée autour de Stokach, Jourdan dut renoncer à continuer sa marche vers le Danube. et il ramena son armée derrière la ligne du Rhin, ne conservant sur la rive droite que les débouchés de la Forêt-Noire.

Masséna reçut bientôt après le commandement en chef des deux armées du Danube et d'Helvétie. Sa position était on ne peut plus critique. Placé entre l'armée victorieuse de l'archiduc, qui pouvait franchir le Rhin entre le lac de Constance et l'Aar, et lui couper la retraite, et les armées de Bellegarde, dans le Tyrol, et d'Hotze, dans le Voralberg, qui pouvaient l'en-

(1) Masséna ne recevant ni les renforts ni les subsistances qu'il réclamait, offrit sa démission, mais il la retira le 27 mars. Dans l'intervalle elle avait été acceptée par le Directoire, qui avait déjà désigné le général Lefèvre pour le remplacer.

velopper et le détruire, car ces trois armées présentaient un effectif de plus de 160,000 hommes, il ne se laissa pas décourager un seul instant. Supputant, avec beaucoup de sang-froid et de sagacité, les chances et les dangers de sa position, il prit les mesures les plus sages et les plus énergiques. Ses forces étaient trop dispersées, il les resserra. L'armée du Danube occupait sans utilité les défilés de la Forêt-Noire. il en fit replier une grande partie sur la Suisse, et il choisit une ligne de défense, en arrière du Rhin, sur la Linth. Le général Lecourbe était trop engagé dans la vallée de l'Inn, il lui donna l'ordre de se rapprocher. Nauders et Funstermunz furent abandonnés. Le pont de Martinsbrück fut coupé et ne fut plus gardé que par des avant-postes. Les magasins, les armes et les voitures, abandonnés par l'ennemi, furent brûlés. Le 1er bataillon de la 76e fut envoyé à la division Ménard, ainsi que trois compagnies de grenadiers. Le général Dessoles reçut également l'ordre d'abandonner Glurns, pour se replier sur Taufers et Sainte-Marie, et de tenir le plus longtemps possible dans cette position.

II

RETRAITE DE L'ARMÉE D'HELVÉTIE ET DÉFENSE DE L'ENGADINE

Dispositions de Lecourbe pour la défense de l'Engadine. — Réunion des trois bataillons de la 38e. — 30 avril : combats de Schleins et de Remüs. — 3 mai : combats de Süs et de Zernets. — Dispositions pour la retraite. — Marche de Lenz sur Bellinzona. — Evacuation des Grisons. — 28 mai : Combat de la Muotta. — Défense du Saint-Gothard contre les Autrichiens. — 31 mai : combat d'Amsteig.

Les divisions Lecourbe et Dessoles tenaient encore les sources de l'Inn et de l'Adige, et étaient en possession des passages de Tchirfs, de Taufers et de Reschen. Les Autrichiens ne leur laissèrent pas le temps de se fortifier dans ces positions importantes. Après avoir recueilli les débris du corps de Laudon, le comte de Bellegarde rappela les six bataillons qui se trouvaient en observation dans la vallée de l'Ill, et, avec les bataillons de réserve réunis à Landeck, remonta la vallée de l'Inn, pendant qu'une colonne de 10,000 hommes remontait la vallée de l'Adige.

A l'approche de ces forces considérables, Lecourbe concentra les siennes et se détermina à brûler le pont de Martinsbrüch pour se replier sur Remüs. Dessoles évacua Glurns et se retrancha en avant de Taufers. Cette dernière position ne tarda pas à être attaquée de front par huit bataillons, pendant que deux petites colonnes tournaient ses flancs par le chemin de Braulio. Dessoles n'avait guère plus de 3,000 hommes; mesurant le danger, il ne soutint le combat que pour assurer sa retraite. De crainte d'être forcé d'opérer cette retraite par le sentier de Bormio, où il ne pouvait s'engager sans prêter le flanc aux Autrichiens, il la dirigea immédiatement par le col de Tchirfs, dont l'ouverture, assez large d'abord, se rétrécit peu à peu et favorise singulièrement un combat d'arrière-garde. Il rejoignit à Zernets les troupes du général Lecourbe, puis descendit, par le val de Poschavio, sur Tirano.

Satisfait de ce premier succès, le comte de Bellegarde ne poussa pas plus loin ses avantages, et laissa jusqu'à la fin du mois d'avril les Français possesseurs de l'Engadine. Son armée s'affaiblissait tous les jours par les nombreux détachements qu'il était contraint d'envoyer à l'armée d'Hotze, ou à celle d'Italie. Il venait, en outre, de détacher une brigade, sous les ordres du colonel Strauch, afin de s'emparer du poste de Ponte-di-Legno, ainsi que de la position importante d'Edolo, aux sources de l'Oglio et au débouché du col de l'Aprica; il menaçait ainsi les détachements français de la vallée voisine de l'Adda, tout en protégeant le flanc droit de l'armée impériale d'Italie.

Le général Lecourbe ne commit pas la même faute que Laudon. Loin d'éparpiller ses forces, déjà bien réduites, sur les crêtes des montagnes inhospitalières des massifs de l'Oetz-Thal et du Munster-Thal, il établit ses bataillons dans d'excellentes positions de la vallée, aux débouchés des principaux sentiers conduisant de la vallée de l'Adige à celle de l'Inn : à Schuls, à Süs, à

Zernets, et à Remüs (1). La principale défense de la vallée de l'Inn se trouvait derrière la Vérenka, au pied des montagnes qui bordent la rive gauche, et un peu en arrière de Remüs. Un ouvrage fermé battait la rive droite, et des postes retranchés et garnis d'abatis gardaient les hauteurs.

Les demi-brigades de la division reçurent, au commencement d'avril, quelques détachements de conscrits. La 38e reçut 500 conscrits qui lui furent amenés, le 4 avril, par le 1er bataillon. Ce bataillon avait quitté Genève après avoir formé, avec une partie de ses cadres, le bataillon de garnison dont l'organisation avait été décrétée par le Directoire, dans le but de permettre aux demi-brigades de tenir campagne avec trois bataillons de guerre. L'effectif des combattants de la division était d'environ 6,000 hommes, à la date du 20 avril.

Sachant bien qu'il se trouvait dans une position très aventurée, et qu'il ne pouvait s'y maintenir trop longtemps sans risquer d'être coupé de l'armée de Masséna, le général Lecourbe avait pris toutes ses dispositions pour opérer sa retraite par la vallée de l'Albula, et il avait placé quelques postes aux cols de Selvretta et de Fluela, afin d'empêcher tout mouvement tournant de Bellegarde par la vallée de la Landquart. La posses-

(1) L'effectif de la division était, au milieu d'avril, de 6,284 présents sous les armes ; le total des absents, malades dans les hôpitaux, prisonniers, etc., s'élevait à 2,083. Pour son compte, la 38e avait 1.527 hommes présents sous les armes, 239 dans les hôpitaux, 261 prisonniers.

sion de ces passages était vivement convoitée par les Autrichiens, car c'était par la vallée de la Landquart que devait s'opérer la liaison de l'armée de Bellegarde avec celle d'Hotze. Cette dernière était chargée de reprendre aux Français la forte position de Luciensteig, qui n'était plus défendue que par une demi-brigade de la division Ménard. La division Dessoles ayant été rappelée à l'armée d'Italie, la Valteline n'était plus gardée que par quatre bataillons; Lecourbe s'empressa de les faire renforcer par deux bataillons de la 36e, qu'il dirigea sur Tirano, et de confier à Loison la défense d'une vallée dont la possession était capitale pour lui.

C'est pour favoriser les opérations du général Hotze que Bellegarde préparait une attaque générale pour le 22 avril; la grande quantité de neige qui tomba fit ajourner le projet. Mais deux bataillons, qui n'avaient pas reçu le contre-ordre, partirent du Munster-Thal et descendirent sur Remüs. L'un d'eux s'empara du village, défendu seulement par un petit poste de la 44e demi-brigade. Ce succès fut de courte durée. Le village fut bientôt repris par un bataillon de la même demi-brigade, et les Autrichiens rejetés dans les montagnes. L'autre bataillon fut enveloppé et obligé de se rendre. Le commandant de cette colonne, le major Schmith, et 460 prisonniers, dont 15 officiers, restèrent entre les mains des Français.

Dans l'intervalle, Masséna avait transféré son quartier général à Zurich, et n'avait laissé, dans les Grisons, que la division Ménard. L'archiduc Charles pressa les généraux Hotze et Bellegarde de chasser les Français de l'Engadine, afin de se rendre maître des débouchés qui pouvaient assurer ses communications avec l'armée austro-russe d'Italie. Cette armée venait de battre Moreau à Cassano, et ce général, n'ayant plus que 30,000 hommes à opposer aux 100,000 hommes de Souvarow, avait évacué la Lombardie et repassé le Pô.

Les deux lieutenants de l'archiduc Charles combinèrent une entreprise simultanée sur Luciensteig, considéré comme la clef des Grisons, et sur l'Engadine, pour les derniers jours d'avril.

Le 30 avril, Bellegarde mit ses troupes en mouvement. Il remonta la vallée de l'Inn avec neuf bataillons pendant que le général Haddich, à la tête de six autres, traversait la chaîne qui sépare les vallées de l'Inn et de Munster, pour se porter sur Schuls et Zernets. Trois bataillons, établis à Sainte-Marie, observaient la route de Bormio, par laquelle on pouvait craindre une nouvelle attaque de Dessoles.

Lecourbe n'avait pour résister à cette attaque que cinq bataillons. Les trois bataillons de la 38e étaient chargés de la défense de la vallée depuis Martinsbrück jusqu'aux lignes de la Vérenka. Ceux de la 44e tenaient Schuls et Zernets.

L'avant-garde de Bellegarde attaqua les avant-postes de Martinsbrück dès 3 heures du matin. Ces avant-postes étaient fournis par quatre compagnies du 2e bataillon de la 38e. Ces compagnies se replièrent en bon ordre sur les revers des montagnes de Schleins, et tinrent tête aux détachements de flanqueurs qui essayaient de tourner la gauche de nos positions. L'effort de l'ennemi se porta sur le 3e bataillon, qui occupait une position importante destinée à fermer le chemin qui conduit de Martinsbrück à Strada, et à couvrir un pont qui relie Strada au village de Saint-Nicolas occupé par le 1er bataillon. Le 3e bataillon se défendit avec une vigueur extraordinaire contre un ennemi très supérieur en nombre, et repoussa trois attaques. A la quatrième, l'ennemi ayant été renforcé par trois bataillons de troupes fraîches, le pont fut enlevé et les retranchements pris à revers. L'opiniâtreté de la défense causa la perte d'un grand nombre de défenseurs. Le capitaine Parnajeon, commandant le bataillon, l'adjudant-major Beaupied et le sous-lieutenant Grenier, furent faits prisonniers avec une grande partie du 3e bataillon (1). Le lieutenant Plazanet, déjà blessé, parvint néanmoins à rallier une partie du bataillon et à diriger sa retraite sur Saraplana, où il tint longtemps encore, après quoi il vint occuper les retranchements de la Vérenka.

Le 1er bataillon opéra sa retraite en bon ordre, et prit une nouvelle position sur un plateau situé en avant de Remüs. Il prolongea sa résistance tout le temps nécessaire pour permettre aux compagnies qui s'étaient repliées sur Schleins, et à quatre autres compagnies qui gardaient les postes de Manas, dans le val Sinestra, de se reporter derrière la Vérenka.

A 9 heures du matin, le général Demont, jugeant que la résistance était suffisante, donna l'ordre de battre en retraite. On évacua toutes les positions situées en avant de Remüs, ainsi

(1) Ces officiers furent échangés quelques jours plus tard.

que le village, et toute la 38e se trouva réunie dans les retranchements de la Vérenka.

Le gros de la colonne de Bellégarde arriva devant ces retranchements vers midi. Les Autrichiens attaquèrent très vivement ; ils étaient six contre un, et ne croyaient pas que la résistance puisse être longue. Malheureusement pour eux ils avaient à faire à une demi-brigade déjà habituée à vaincre dans de semblables conditions. Les trois bataillons de la 38e rivalisèrent d'intrépidité et de courage. L'assaut fut tenté quatre fois, quatre fois les Autrichiens furent repoussés avec des pertes énormes.

Jamais les braves de la 38e ne montrèrent une plus grande valeur. Au moment de l'un des assauts, le caporal Rameau ayant eu son fusil brisé entre les mains, ne craignit pas de rester seul sur le parapet, exposé au feu de 10,000 Autrichiens, pour renverser ceux qu'un élan vigoureux avait amenés jusqu'au haut des retranchements.

L'ardeur des Autrichiens se consuma en vains efforts. Pour emporter la position, il eût fallu que les flanqueurs, chargés de tourner les sources de la Vérenka, fussent plus nombreux. Le comte de Bellegarde n'ayant envoyé qu'un bataillon, il fut aisément repoussé. La nuit mit fin au combat. Les Autrichiens rentrèrent dans Remüs avec une perte de plus de 2,000 morts ou blessés.

La 38e demi-brigade avait acheté son succès par de nombreuses pertes. Elle eut 60 tués et 400 blessés ; 16 officiers furent mis hors de combat ; parmi eux, le chef de brigade Daumas, le capitaine Duval, les lieutenants Plazanet, Mériotte, Championnet et Montauzier, et les sous-lieutenants Collin, Bernard, Addé et Cordier furent blessés; le capitaine Decré et le lieutenant Balland furent blessés et restèrent entre les mains des Autrichiens.

Le détachement envoyé, par le col de Tchirfs, sur Zernets, éprouva la même résistance. Tous les efforts des Autrichiens échouèrent contre ce poste, où Lecourbe commandait en personne. Ils recommencèrent plusieurs fois leurs attaques et furent toujours repoussés avec de grandes pertes. A la fin de la journée, les Français sortirent de leurs retranchements et chargèrent l'ennemi, qui fut mis en déroute, abandonnant plus de 500 prisonniers, parmi lesquels se trouvait le Prince de Ligne, major du régiment de ce nom.

Le général Haddich avait dirigé lui-même le détachement chargé de descendre sur Schuls, centre des positions françaises. Après une marche pénible à travers la montagne où le terrain lui fut disputé pied à pied par les détachements de la 44e, il s'empara de la vallée de Scharl, et arriva devant Schuls, où la rupture du pont de l'Inn le força de s'arrêter. Il dut se contenter d'occuper Traps, vieux château fort, sur la rive droite de l'Inn.

Cette journée avait sensiblement affaibli les forces de Lecourbe. Il jugea nécessaire de les resserrer encore davantage, et donna l'ordre au général Demont de profiter de la nuit pour abandonner les lignes de la Vérenka, et venir prendre une nouvelle position à Schuls. Ce village se trouve aux débouchés des sentiers des monts Selvretta et Fluela, à 4 kilomètres de Zernets. La position de Zernets fut renforcée par quelques retranchements, car elle était d'une importance extrême pour la retraite des Français. Le village se trouve sur la rive droite au confluent du Spolbach. La grand'route de l'Engadine passe sur la rive droite à Zernets même, et revient ensuite sur la rive gauche, après avoir longé la rivière pendant trois kilomètres. Dans toute cette partie de la vallée supérieure de l'Inn, les berges sont très élevées et inaccessibles. La 44e occupa Süs, et la 38e bivouaqua entre ce village et celui de Zernets.

En prolongeant sa résistance, le général Lecourbe, qui n'avait guère plus que 4,000 hommes à opposer aux 12,000 Autrichiens de Bellegarde, ne pouvait avoir d'autres intentions que d'attirer sur lui toutes les forces de ce général, afin de l'empêcher de donner son appui à l'armée du Voralberg, car il savait que l'occupation de l'Engadine devenait sans objet, depuis que les Français étaient réduits à la défensive. Les nouvelles qu'il reçut, dans la journée du 2, le déterminèrent à ne pas s'attarder plus longtemps dans une position aussi dangereuse. Les paysans des petits cantons venaient de se révolter sur les derrières de l'armée française. La veille, 2,000 paysans armés, commandés par des officiers autrichiens, s'étaient emparés de Dissentis et d'Ilanz, où ils avaient surpris quelques détachements de la division Ménard. Les mouvements des insurgés étaient combinés avec ceux du général Hotze, qui, de son côté, tentait une nouvelle attaque contre Luciensteig, et dirigeait de forts détachements vers les sources de la Landquart et de l'Albula, pour tourner la division Ménard, et couper la retraite à celle de Lecourbe.

Il importait plus que jamais de se ménager les moyens d'une retraite par les vallées italiennes. Lecourbe prescrivit à Loison d'opérer sa retraite par Morbegno et Chiavenna, quand il ne pourrait plus tenir à Tirano, puis, sans perdre un instant, il dirigea, dans la soirée du 2 mai, le 2e bataillon de la 38e sur Chiavenna pour le renforcer.

Bellegarde, retardé par la destruction des ponts, n'arriva que le 3 mai devant Süs. Il attaqua, sans perdre de temps, les retranchements qui fermaient la route, et envoya quelques bataillons pour enlever les postes des monts Selvretia et Fluela. Le combat devint bientôt meurtrier, car les Français étaient décidés à faire payer cher aux Impériaux la conquête de l'Engadine. Les 1er et 3e bataillons de la 38e avaient pris position sur une éminence près de Zernets; ils soutinrent le choc des Autrichiens quand la 44e évacua les retranchements de Süs. Les généraux Lecourbe et Demont donnèrent l'exemple de la bravoure et de l'intrépidité. Ils tentèrent plusieurs retours offensifs. Pendant l'un d'eux, Lecourbe fut blessé, et Demont resta entre les mains de l'ennemi. Le capitaine Bertry, de la 38e, se signala à la tête des grenadiers et fut tué. Le sous-lieutenant Duclavé fut fait prisonnier.

Cependant les postes de la montagne ne pouvaient tenir longtemps devant des forces quadruples, et il fallait éviter de se laisser envelopper; Lecourbe donna l'ordre de la retraite. Elle s'opéra, d'abord parallèlement à la route, mais, après avoir rompu les ponts de Zernets, les bataillons français appuyèrent ensuite à droite et gagnèrent peu à peu les sommets de l'Albula, où ils s'arrêtèrent dans des positions inexpugnables, assurant ainsi leur retraite par la vallée de l'Albula, et se maintenant sur le flanc des colonnes autrichiennes, prêts à reprendre l'offensive si celles-ci s'engageaient trop avant dans la haute Engadine.

Le lendemain, Lecourbe, laissant de forts détachements à Davos, ainsi qu'aux pas de Fluela et de Scaletta, vint s'établir, avec le gros de sa division, à Lenz, sur la route de Coire. Dans cette position, il était en état de se rapprocher de Masséna, et de porter secours à Ménard, ou de gagner le Tessin, si les paysans révoltés et les Autrichiens lui fermaient la vallée de Dissentis. Le même jour, il détacha le 1er bataillon de la 38e à Thusis pour y désarmer les paysans révoltés.

La position des Français en Suisse devenait critique, l'archiduc Charles renforçait constamment son armée et attendait encore un renfort de 50,000 Russes. Bellegarde était maître de l'Engadine et en état de donner son appui aux colonnes d'Hotze, qui venaient de pénétrer dans les vallées de la Landquart et de l'Albula. En Italie, la défaite de nos armées et l'évacuation de la Lombardie avaient permis aux Austro-Russes de faire filer des troupes dans la Valteline pour en chasser Loison. Ce général allait se trouver pris entre quatre bataillons, parti d'Edolo, pour s'emparer de Tirano, et de cinq autres commandés par le colonel Strauch, et en marche sur Chiavenna.

Il ne manquait plus au malheur des Français que de voir leurs communications à la merci des insurgés suisses. Heureusement pour eux, le général Ménard reprit Reichenau et Dissentis pendant que le général Soult étouffait la révolte dans le canton de Schwitz.

Lecourbe s'empressa, de son côté, d'envoyer l'ordre au 1er bataillon de la 38e de se porter sur Splügen, pour ouvrir ses communications avec le val de Misocco, et désarmer les paysans de la vallée. Ce bataillon consacra quatre jours à cette opération. Le 11 mai, quatre compagnies du même bataillon, sous les ordres du capitaine Privat, furent chargées d'aller désarmer les paysans de la vallée du Bivio, et les quatre autres compagnies furent envoyées dans la vallée de l'Albula à Bergun, pour fermer cette vallée aux détachements du comte de Bellegarde, et couvrir la droite de la division Ménard, qui restait seule chargée de la défense des Grisons.

Lecourbe n'était, en effet, pas resté longtemps à Lenz. Dès qu'il fut informé des attaques dirigées contre Loison, il marcha à son secours avec deux bataillons de la 109e, détachés de la division Ménard, un bataillon de la 76e, et les compagnies du 3e bataillon de la 38e réorganisées après le combat du 30 avril, sans compter les grenadiers dont il ne se séparait jamais. La 44e demi-brigade passa à la division Soult.

Il était évident que le but des Alliés était de s'emparer du passage du Saint-Gothard. Le colonel Strauch était déjà arrivé au fort de Fuentes, à l'entrée de la Valteline, et la brigade de Rohan, détachée de l'armée de Souvarow, marchait sur Lugano. Ne pouvant résister à des forces aussi considérables, Loison avait évacué la Valteline, et s'était replié sur Chiavenna, mais il ne put tenir dans cette position, faute de subsistances,

Le 8 mai, il remonta la vallée de San-Giacomo, et vint bivouaquer près d'Isola. Le lendemain, il traversa le col du Splügen par un chemin extrêmement étroit. Les soldats gravissaient la montagne en se soutenant sur leurs fusils ; ils fichaient leurs baïonnettes dans les fentes des rochers pour avoir un point d'appui, et ne pas rouler dans l'abîme. Plusieurs chevaux furent engloutis dans les précipices. Le 10 mai, la petite colonne de Loison fit sa jonction avec celle de Lecourbe. Les deux généraux franchirent le San-Bernardino dans la journée du 11, et arrivèrent à Bellinzona dans la soirée du lendemain. Apprenant que le prince de Rohan était déjà à Bironico, et avait même poussé un détachement au mont Cénère, mais que le colonel Strauch n'était pas encore en mesure de le soutenir, Lecourbe se remit aussitôt en marche pour l'attaquer. Il l'atteignit le 13, et le battit complètement à Taverne.

En se portant contre Rohan, Lecourbe avait laissé le 2e bataillon de la 38e à Bellinzona, il l'envoya, le 14, à Giornico pour dégager une compagnie de la 103e, cernée par les insurgés du canton d'Uri (1).

Le départ de Lecourbe pour Bellinzona découvrant la division Ménard, qui n'avait que 11 bataillons pour garder une vaste étendue de terrain, accessible par tous les points, Masséna songea à resserrer sa ligne. Il demanda au Direc-

(1) Cette fraction de la 103e avait probablement été détachée des divisions du Centre pour couvrir les communications du Saint-Gothard.

toire l'autorisation de faire évacuer les Grisons, avant d'y être contraint par les Autrichiens. Mais le Directoire, aveuglé et mal renseigné, lui donna l'ordre de les conserver, et lui prescrivit même de faire passer 15,000 hommes en Italie. Les événements en décidèrent autrement.

En attendant, Masséna avait essayé de distraire l'archiduc de ses tentatives contre les Grisons, en faisant faire des démonstrations vers les défilés de la Forêt-Noire, mais ce prince n'avait pas pris le change, et il ne fit qu'une médiocre attention à ce qui se passait sur le Rhin. Les généraux Hotze et Bellegarde reçurent l'ordre de renouveler leurs attaques contre la division Ménard. Le 14 mai, Hotze s'empara de Luciensteig, pendant que les généraux Haddich et Hiller chassaient les Français de la vallée de la Landquart. Bellegarde culbuta les postes de Davos et descendit, par la vallée de l'Albula, dans celle du Rhin supérieur. Les quatre compagnies de la 38e, laissées à Bergun, furent écrasées par le nombre et obligées de se replier sur Reichenau, où elles rallièrent la brigade Suchet. Les compagnies qui défendaient la vallée de Bivio furent attaquées le même jour par des forces supérieures; elles résistèrent néanmoins avec vigueur et repoussèrent l'ennemi, malheureusement le capitaine Privat fut tué. Le lendemain elles parvinrent à gagner Reichenau.

Le 15 mai, la jonction des deux généraux autrichiens était faite, et la division Ménard était séparée en deux parties. La gauche passa le Rhin près de Ragaz, et fit sa retraite par Sargans; la droite, sous Suchet, se replia sur Hanz et Dissentis, traversa le Crispalt, et, après une marche des plus pénibles, et une perte de 400 hommes, arriva à Urseren le 19 mai.

L'évacuation des Grisons contraignit Masséna à concentrer ses forces afin de pouvoir s'opposer aux entreprises que l'archiduc allait former ultérieurement contre lui. Le général Thurreau quitta Schaffhouse pour prendre position derrière la Thur. Les divisions Oudinot, Vandamme et Soult se concentrèrent à Winterthur. Le général Lorges s'établit entre Saint-Gall et Usnach, et le général Ménard sur les bords du lac de Wallenstadt. Lecourbe reçut l'ordre d'abandonner le Tessin et le Saint-Gothard, pour se replier dans la vallée de la Reuss.

Ces mouvements étaient à peine commencés que Masséna, dans l'intention d'empêcher la réunion des deux armées ennemies, attaqua, les 24 et 25 mai, la gauche de l'archiduc à Andelfingen, et l'avant-garde d'Hotze à Frauenfeld, sur la Thur. Ces deux attaques furent très vives, mais malgré tous les efforts des Français, la jonction de l'archiduc et du général Hotze se fit à Winterthur et à Neftenbach.

Masséna rétrograda encore une fois et vint s'établir dans les positions retranchées qu'il avait fait préparer depuis longtemps autour de Zurich.

Après sa jonction avec Hotze, le comte de Bellegarde n'était pas resté longtemps dans les Grisons. Il avait reçu l'ordre de passer en Lombardie, pour renforcer l'armée de Souvarow. Il ne laissa dans la vallée de Dissentis que la brigade Saint-Julien, et, après la jonction des corps de l'archiduc et d'Hotze, il détacha, d'après les ordres du généralissime russe, quatre brigades, sous les ordres d'Haddich, pour s'emparer du Saint-Gothard.

De son coté, et afin de se conformer aux ordres de Masséna, le général Lecourbe laissa à Loison le soin de défendre le poste avancé d'Airolo, avec un bataillon de la 76e et le 2e bataillon de la 38e, puis il passa le Saint-Gothard le 19 mai, et s'établit avec le gros de ses forces dans la vallée d'Urseren, pour faire tête au comte de Bellegarde, qui paraissait menacer le Saint-Gothard.

Renseigné sur les forces laissées par Bellegarde dans la vallée de Dissentis, Lecourbe descendit la vallée de la Reuss, pour se rapprocher du gros de l'armée. A peine arrivé à Altdorf, il apprit que le colonel Gavisini, laissé en observation par Hotze sur les bords de la Linth, et voulant favoriser l'opération d'Haddich, venait de pénétrer dans le Mutten-Thal, défendu par la 12e demi-brigade légère. Profitant de l'occasion qui se présentait, et comptant sur la résistance de Loison au Saint-Gothard, Lecourbe partit sur-le-champ avec quelques compagnies de grenadiers des 38e et 44e demi-brigades, et attaqua, le 28 au matin, le colonel Gavisini, qui tenait le pont de la Muotta. Les Autrichiens, soutenus par les insurgés suisses, résistèrent longtemps, mais la 12e légère étant parvenue à enlever le pont et les deux pièces de canon qui le défendaient, ils furent chassés du Mutten-Thal, et ramenés en désordre sur les bords de la Linth, avec une perte de quelques centaines d'hommes.

Pendant que Lecourbe se débarrassait ainsi du détachement qui gênait ses communications avec l'armée, Haddich avait attaqué les positions du

Saint-Gothard et obtenu un plein succès. Après le départ de Lecourbe, Loison n'avait laissé que deux compagnies pour éclairer la rive droite du Tessin, et il avait fait garder les débouchés des vallées d'Urseren, de Dissentis et de Blegno.

Le 27 mai, le 2e bataillon de la 76e, en position en avant de Piotta, fut vivement attaqué de front par quatre bataillons de la brigade de Strauch. Ce bataillon se replia sur Airolo, et vint s'établir en arrière de la Tremola, sa droite gardant le pont détruit sur le Tessin, sa gauche appuyée aux montagnes.

Le 28, le colonel Strauch, ayant reçu des renforts, attaqua de front depuis Madrano jusqu'au Tessin, pendant qu'un détachement remontait la rive gauche pour prendre Airolo à revers. Loison ne put faire soutenir le bataillon de la 76e que par cinq compagnies de la 38e. Après une brillante défense, ces troupes se mirent en retraite sur Hospenthal.

Le 29, Loison continua son mouvement de retraite en disputant le terrain pied à pied. Sa ténacité faillit lui coûter cher, car, au moment où il arrivait au Pont-du-Diable la brigade Saint-Julien débouchait dans la vallée d'Urseren par l'Ober-Alp, et tombait sur son flanc gauche. Le petit corps français, pressé de tous côtés, fut rejeté sur Wasen, et 600 hommes de la 76e, formant son arrière-garde, se virent obligés de déposer les armes.

Haddich, satisfait de ce premier succès, s'arrêta pour attendre l'arrivée des deux brigades Briey et Lamarseille, en marche par la vallée du Tessin, et fit des détachements dans la vallée du Rhône et celle de la Maggia, laissant à la brigade Saint-Julien le soin de la poursuite. Cette brigade menaçait déjà Altdorf, lorsque Lecourbe, revenu du Mutten-Thal, et inquiet des progrès de l'ennemi, donna l'ordre à Loison de lui tenir tête, et se porta à son secours avec sa réserve de grenadiers et un bataillon de la 38e demi-brigade.

Amsteig fut repris le 31 mai, et, le lendemain, la colonne française s'avança sur Wasen et le fort de Meyen, qu'elle enleva.

Le 2 juin, Saint-Julien, ayant reçu un bataillon de renfort et espérant qu'il serait soutenu à temps par Haddich, reprit l'offensive. Il obtint d'abord quelques succès. Les troupes de Lecourbe, harassés par les marches et les combats des jours précédents, et ayant épuisé leurs munitions, commençaient à plier, lorsque le général, s'armant d'un fusil, les ramena au combat. Ayant rallié trois compagnies de grenadiers, il se mit à leur tête, chargea les Impériaux à la baïonnette, les fit reculer sur tous les points, et enfin les força à une retraite précipitée sur le Pont-du-Diable. L'approche d'Haddich arrêta la poursuite des Français, qui s'empressèrent de redescendre la vallée. Mais leur but était atteint, car l'ennemi n'inquiéta pas leur retraite, et leurs communications avec l'armée furent assurées.

Cependant Masséna, ayant acquis la conviction qu'il ne pourrait pas défendre la position étendue de Zurich avec le peu de forces dont il disposait, se décida à en prendre une nouvelle sur l'Utli et les hauteurs de l'Albis. Il évacua Zurich dans la nuit du 5 au 6, et donna à Lecourbe l'ordre de venir s'établir entre les lacs de Zug et de Lucerne. Ce général abandonna Altdorf et

Schwitz, suivi de près par l'avant-garde d'Haddich, et vint établir son quartier général à Lucerne.

Ici, se termine la première période de la campagne de 1799. Une faible division de 8,000 hommes a fait en huit jours la conquête de l'Engadine, et y a tenu tête pendant deux mois à des forces trois fois plus considérables. Rien n'a arrêté les jeunes conscrits (1) de nos demi-brigades, ni les longues marches à travers les neiges et les glaces de montagnes réputées inaccessibles, ni les combats sans cesse renouvelés, ni les privations de toutes sortes en pays hostile et presque sans ressources.

Lorsque l'ennemi revient plus nombreux et qu'il faut céder au nombre, Lecourbe recule pas à pas, détruisant derrière lui les routes et les

---

(1) « Ce que je ne dois pas oublier, c'est la bravoure avec laquelle se conduisent, en général, les conscrits ; avant-hier environ 500 arrivent à la 44e, et hier une trentaine ont été blessés. » — Lecourbe à Masséna, le 6 germinal an VII (26 mars 1799.)

« Vous ne sauriez croire combien ce mouvement rétrograde a coûté à tout le monde ; les soldats pleuraient de rage. « Qu'on nous envoie dans cette armée (du Danube), disaient-ils, dans leur langage ordinaire. J'ai vu deux conscrits, qui, après avoir encouragé leurs camarades de paroles et d'actions, se sont jetés les premiers sur un poste autrichien et l'ont emporté. Ils ont été blessés tous les deux. Je suis fâché de ne pouvoir vous citer leurs noms, mais je les saurai. » — Lecourbe à Masséna, le 13 germinal an VII (2 avril 1799).

ponts. Forcé dans ses derniers retranchements, il se jette dans les montagnes, escalade les sommets les plus élevés et les plus abrupts, et prend une position menaçante sur le flanc de son adversaire. Il apprend, à Lenz, au centre des Grisons, que les Français sont chassés de la Valteline, et que les Autrichiens menacent le Saint-Gothard. Il accourt aussitôt et, trois jours après, Rohan est battu à Taverne ; le Saint-Gothard est à l'abri d'un coup de main. Pour battre Gavisini et Saint-Julien, le général français ne prend que le temps d'aller de l'un à l'autre ; ses soldats marchent toute la nuit et se battent toute la journée.

On ne sait vraiment pas ce qu'il faut le plus admirer : la grande activité et la merveilleuse souplesse des combinaisons du général, ou la bravoure constante et la confiance inaltérable des troupes. On se croirait transporté, selon l'expression de Jomini, aux siècles fabuleux, et on imaginerait voir des combats de géants.

III

REPRISE DU SAINT-GOTHARD ET OPÉRATIONS DANS LA VALLÉE DE GLARIS

Combats de Brünnen et de l'Issis-Thal. Reprise du Saint-Gothard. — 14 août : Colonne de gauche. Combat de Schwitz. — 14 août : Colonnes du centre. Combat de Brünnen. Combats de Seerdorf et d'Attighausen. Combat d'Altdorf. — 15 août : Colonnes de droite. Prise du fort de Meyen. — 15 août : Combat du Pont-du-Diable. — 16 août : Combat de l'Ober-Alp. Opérations dans la vallée de Glaris.

A la suite des derniers succès de l'archiduc Charles à Zurich, la Suisse se trouvait partagée entre les Français et les Autrichiens. Dans la première semaine de juin, l'archiduc établit le gros de son armée sur la chaîne de collines qui sépare la Glatt de la Limmat, et plaça une ligne de postes, tant sur la rive droite de cette rivière que le long de l'Aar, pour observer les mouvements des Français. A l'aile gauche, le général Jellachich avait été chargé de tenir Lecourbe en échec avec un corps de 8,000 hommes, renforcé des 4,000 du colonel Gavisini. Il occupait Schwitz et le mont Etzel. Au Saint-Gothard, le général Haddich avait été rappelé à l'armée d'Italie et n'avait laissé que 5,000 hommes au général Strauch pour garder la tête des vallées du Rhône et de l'Aar.

Du côté des Français, Masséna, appuyant toujours sa gauche au Rhin, avait porté la division Thurreau derrière l'Aar. Le centre, campé sur les pentes de l'Albis, occupait une position formidable, tant par la difficulté naturelle du terrain que par les ouvrages d'art qui y furent promptement élevés. A la droite, la division Chabran se prolongeait jusqu'à Zug. La division Xaintrailles avait été détachée dans le Valais pour réprimer l'insurrection des paysans et arrêter la brigade de Rohan, chargée par Haddich de forcer le passage du Simplon. La division Lecourbe se reliait à la division Chabran par le lac d'Egeri, ayant sa brigade de gauche, sous Gudin, aux environs d'Arth ; son quartier général à Lucerne ; la brigade de droite, sous Loison, entre Séelisberg et le lac de Sarnen, faisant garder la vallée d'Engelberg par ses éclaireurs. La 38e était cantonnée dans les villages aux environs de Stanz et de Sarnen.

En Italie, la victoire avait décidément déserté les drapeaux français. La bataille de la Trebbia, gagnée par Souvarow, avait décidé de l'évacuation de l'Italie continentale. Les Français s'étaient retirés sur les Apennins.

Le mois de juin fut employé de part et d'autre à compléter les effectifs, à renforcer les positions, et à préparer de nouveaux combats. Le Directoire ordonna la formation d'une nouvelle armée du Rhin, qui devait s'étendre de Dusseldorf à Huningue, et qui aurait son quartier général à Mayence. Le commandement de cette armée fut destiné à Moreau.

La division Lecourbe, destinée à jouer un rôle important dans les opérations futures de l'armée d'Helvétie, reçut des renforts considérables. A la fin de juin, cette division fut réorganisée et formée des trois brigades Gudin, Loison et Boivin; elle était forte de 13 bataillons, outre un détachement de dragons et quelques détachements de guides, d'artilleurs et de sapeurs. Toutefois, l'effectif total ne dépassait pas encore 8,500 hommes, et ce ne fut qu'à la fin du mois suivant qu'il atteignit 12,000 hommes (1), en y comprenant

---

(1) Les renforts reçus par les demi-brigades consistaient en jeunes conscrits ayant à peine quelques mois de service.

Composition de la division Lecourbe, à la date du 19 juillet:

Brigade Loison : 38e et 67e demi-brigades, 3,343 présents sous les armes.

Brigade Boivin : 76e 84e et 87e demi-brigades, 3,849 présents sous les armes.

les malades dans les hôpitaux et les prisonniers. Le général Boivin prit le commandement de la brigade de gauche, le général Gudin eut celle du centre.

Les hautes montagnes qui bordent le lac de Lucerne n'offrant, par terre, aucune communication directe entre Lucerne et Altdorf, le transport des troupes par eau avait été jugé nécessaire pour l'attaque des différents postes que l'ennemi occupait sur ses bords. Lecourbe mit en réquisition tous les bateaux des villes et villages dont il était le maître, et organisa une petite flottille. La ville de Lucerne, voulant prouver son attachement à la République française, fit construire une grande barque portant des canons et montée par des hommes de bonne volonté.

Le général Lecourbe ne tarda pas à mettre à l'épreuve la valeur de ses nouvelles troupes. Il reçut l'ordre, dans les premiers jours de juillet, de se porter en avant de la ligne qu'il occupait

---

Brigade Gudin : 109e demi-brigade et bataillon du Léman, 2,708 présents sous les armes.

L'effectif des présents était donc de 9,800 hommes environ auxquels il faut ajouter :

219 artilleurs (4 pièces de 8, — 2 de 4, — 1 de 12, — 1 de 16) ;
128 pontonniers ;
110 sapeurs du génie ;
106 cavaliers.

L'effectif de la 38e était : officiers présents, 47, — officiers absents, 31, — troupe : présents sous les armes, 1,454, — aux hôpitaux, 313. — prisonniers, 331.

entre la Sihl et le lac de Lucerne, afin de tâter l'aile gauche autrichienne, que l'on supposait affaiblie par les renforts envoyés à l'armée d'Italie. Le but de l'opération était de s'emparer d'une batterie placée à Brünnen, qui gênait beaucoup les communications par le lac entre les postes de l'Unterwald et ceux du canton de Zug, qui couvraient le centre de l'armée française et les revers du Mont-Albis.

Le 3 juillet, à la pointe du jour, les troupes commandées pour cette expédition se mirent en mouvement sur deux colonnes, pendant que la division Chabran amusait Jellachich sur toute la ligne. La première colonne s'avança le long du petit lac d'Egeri, et réussit à s'emparer du poste de Rossberg. Mais les Autrichiens, ayant reçu des renforts considérables, reprirent cette position et repoussèrent les assaillants jusqu'à Unter-Egeri.

La deuxième colonne, sous les ordres de l'adjudant-général Porson, partit de Gersau et se dirigea sur Brünnen en longeant le lac de Lucerne. La marche de cette colonne était protégée par la flottille, sur laquelle Lecourbe s'était embarqué avec une réserve de 500 grenadiers. Pendant que son chef d'état-major faisait attaquer par terre les postes autrichiens, le général fit débarquer ses grenadiers et les lança au pas de charge sur la batterie, dont ils s'emparèrent. Mais cette action brillante fut sans résultats, car les grenadiers ne furent pas soutenus à temps. Le major autrichien Etwœs accourut avec des troupes fraîches, renforcées des paysans de Schwitz et de Glaris, attaqua vivement les Français, et les contraignit d'abandonner la batterie et de regagner leurs bateaux. Porson abandonna également les postes dont il s'était emparé, et les troupes, reprirent leurs positions de la veille. La flottille resta sur la rive gauche du lac, près de Bauen.

Le combat de Brünnen ne fut pas sans résultat, car les grenadiers eurent le temps d'enclouer les pièces et de brûler les bateaux en construction. Les capitaines de grenadiers Parnajeon et Juillet, de la 38e demi-brigade, se distinguèrent dans cette affaire et furent promus au grade de chef de bataillon pour leur belle conduite.

Le mois de juillet se passa en tâtonnements respectifs sans aucun résultat. Mais vers la fin du mois le général de Holze, ayant reçu quelques renforts d'Allemagne et du Tyrol, se crut assez fort pour tenter une attaque contre les positions des Français sur la rive gauche du lac de Lucerne.

Le 1er août, le général Bey, qui commandait à Altdorf, passa la Reuss à Attighausen, repoussa les petits postes français des environs de Séerdorf, pénétra dans la vallée de l'Issis et s'empara même de Bauen. Encouragé par ce succès facile, il voulut encore prendre Seelisberg. A cet effet, il divisa sa colonne en petits détachements pour garder les chemins par où les Français pouvaient déboucher sur lui ; cette disposition le perdit.

Le général Loizon, prévenu des succès de l'ennemi contre ses avant-postes, s'empressa d'envoyer à leur secours cinq compagnies de la 109e demi-brigade, cantonnées à Ematten et à Ober-Rikembach. Les Autrichiens ne tardèrent pas à être pris entre deux feux car les chaloupes-canonnières de Bauen s'étaient rapprochées du rivage et prêtèrent un concours très efficace aux compagnies de la 109e qui déployèrent dans cette action toute l'intrépidité possible (1). En quelques instants les petits détachements du général Bey furent culbutés, rompus et rejetés en désordre au-delà de l'Issis; beaucoup furent cernés et obligés de se rendre.

Les pertes des Autrichiens furent considérables en tués et blessés; 452 prisonniers, dont le général major Bey et cinq officiers, restèrent entre les mains des Français.

Les combats de Brünnen et de l'Issis-Thal ne furent que le prélude des belles opérations que la division Lecourbe allait entreprendre, et qui firent briller d'un nouvel éclat les talents du général et la valeur des troupes. Le Directoire pressait depuis longtemps Masséna de reprendre l'offensive, afin de dégager l'armée d'Italie et de donner satisfaction aux Suisses, qui se fatiguaient de pourvoir à la subsistance d'une armée aussi nombreuse. Les cantons occupés étaient menacés d'une famine prochaine, car les fournitures de grains, de viande, de fourrages, ainsi que l'approvisionnement des hôpitaux, étaient à la charge de l'Helvétie, à laquelle on ne donnait, en échange, que de vagues promesses de remboursement. Les troupes cantonnées étaient entièrement entretenues aux dépens de leurs hôtes; celles qui campaient étaient réduites à la misère et ne se soutenaient que par des réquisitions à main armée.

Masséna avait hésité longtemps à courir les chances d'une bataille, parce qu'il n'était pas en

---

(1) Rapport du général Loison, du 14 thermidor an VII.

mesuré; mais les sollicitations du gouvernement, le triste état de ses troupes, et la nouvelle de la prochaine arrivée du corps russe de Korsakow, le décidèrent à préparer une entreprise sérieuse. Il calcula que Korsakow n'arriverait pas à Schaffouse avant le 18 ou le 19 août, et qu'il avait le temps de chasser les Autrichiens du Saint-Gothard et des petits cantons de Schwitz et de Glaris, avant que l'archiduc soit en état de porter secours à son aile gauche. Cette opération fut confiée à Lecourbe, sous les ordres duquel on plaça, indépendamment de sa division, celle de Chabran et celle du Valais, où Thurreau avait remplacé Xaintrailles. Afin de donner le change à l'archiduc, on devait faire une fausse attaque sur toute la ligne, et principalement devant Zurich.

Lecourbe prit rapidement ses dispositions. Thurreau fut chargé d'expulser le prince de Rohan du Simplon, puis de s'avancer jusqu'aux sources du Rhône pour entrer en communication avec le général Gudin. Celui-ci, après avoir attaqué le Grimsel, devait se rabattre sur la vallée de la Reuss, que Loison et Lecourbe assailliraient de concert. La brigade Boivin eut la tâche de s'emparer de Schwitz et du Mutten-Thal, tandis que celles de Laval et d'Humbert, sous les ordres de Chabran, chasseraient l'ennemi d'Einsielden et du mont Etzel.

Les troupes des trois divisions, placées sous les ordres de Lecourbe, pouvaient s'élever à 30,000 hommes. Les trois brigades de sa propre division formaient un effectif d'environ 10,200 hommes présents. Ces 10,200 hommes eurent à combattre, les 14, 15 et 16 août, contre environ

15,000 Autrichiens des corps de Jellachich, Simpschen et Strauch, établis dans d'excellentes positions autour de Schwitz, sur les bords du lac des Quatre-Cantons, et dans la vallée de la Reuss, depuis Altdorf jusqu'au Saint-Gothard.

Le 14 août, toutes les colonnes de la division Lecourbe se mirent en mouvement dès l'aube. La colonne de gauche, composée de la 84e demi-brigade et d'un bataillon de la 76e, sous les ordres du général Boivin, attaqua de bonne heure les postes autrichiens autour de Schwitz, pendant que le 2e bataillon de la 84e, commandant Margotty, opérait un mouvement tournant par les hauteurs de Haggen et du Mont-Mythen.

Le régiment de Stein, aidé par sept ou huit cents paysans armés, fit une longue résistance. Le général Boivin, impatient de réussir, se mit à la tête de ses troupes, et, les encourageant par sa propre intrépidité, réussit à chasser les Autrichiens de leurs positions ; à midi, il entrait dans Schwitz.

Le bataillon de la 84e qui achevait son mouvement tournant, se trouva, pendant quelques instants, dans une position très critique ; enveloppé par une masse de paysans et d'Autrichiens, il se battit avec une bravoure et un acharnement sans exemple, parvint à culbuter ses ennemis et à rejoindre la brigade dans Schwitz.

Les Autrichiens se retirèrent par le Mutten-Thal, abandonnant toute leur artillerie et laissant, sur le champ de bataille, plus de deux cents tués ou blessés. Le lendemain, le chef de brigade Sancey, à la tête de la 84e, continua la poursuite et attaqua l'ennemi dans les retranchements qu'il avait élevés dans la vallée ; il le culbuta et lui prit encore 300 hommes avec ses ambulances et ses canons.

Lecourbe s'était réservé de conduire lui-même l'attaque contre le centre des postes autrichiens. Il forma trois petites colonnes, destinées à agir sur les deux rives du lac de Lucerne, pendant qu'il remonterait lui-même le lac avec sa flottille et une réserve de huit compagnies de grenadiers. La réunion de ces colonnes devait s'opérer à Altdorf, et toutes ensemble remonteraient la Reuss pour se joindre ensuite au général Loison.

Trois compagnies de la 76e et deux compagnies de grenadiers des 84e et 109e, sous les ordres de l'aide de camp Montfort, longèrent la rive gauche et attaquèrent le poste autrichien de la Muotta, pendant que Lecourbe débarquait, près de Brünnen, avec cinq compagnies de grenadiers. La batterie de Brünnen fut rapidement enlevée par les grenadiers; les Autrichiens furent culbutés, chassés de tous leurs postes, et abandonnèrent toute leur artillerie.

Lecourbe dirigea quelques compagnies sur Schwitz pour se relier avec le général Boivin, puis se rembarqua avec ses grenadiers.

Au même instant, les deux autres colonnes, parties des cantonnements de l'Unterwald, se dirigeaient sur la vallée d'Altdorf. La première, forte d'un bataillon de la 76e et du 3e bataillon de la 38e, sous les ordres de l'adjudant-général Porson, débusqua les Autrichiens des montagnes de l'Uri-Rotstock et les poursuivit jusqu'à Séerdorf, dont ils firent sauter le pont.

La deuxième colonne (1), composée des 1er et

(1) Cette colonne fut réunie le 13 août à l'extré-

2e bataillons de la 38e sous les ordres du chef de brigade Daumas, après avoir traversé les Alpes de Surennen et passé la Reuss à Attighausen, devait tourner Altdorf, et repousser l'ennemi dans le Schachen-Thal. Mais les Autrichiens avaient pris la précaution de faire sauter tous les ponts de la Reuss. Il fut dès lors impossible de passer la rivière, et le combat se continua sur les deux rives de la Reuss par des feux très nourris d'artillerie et de mousqueterie. La rivière séparant les combattants, nos braves de la 38e ne pouvaient faire usage de leur arme favorite, et le combat menaçait de rester indécis, lorsque Lecourbe arriva, vers 6 heures du soir, à la hauteur de Flüelen.

Les Autrichiens occupaient en forces ce village, ainsi que la Chapelle de Guillaume-Tell. Les grenadiers, débarqués sous la protection des feux de la flottille, furent aussitôt lancés à l'attaque de ces deux postes. Les Autrichiens se défendirent avec vigueur, mais ils durent céder à l'impétuosité de nos grenadiers (1), qui réussirent enfin à les déloger de toutes leurs positions des bords du lac, et les poursuivirent jusque dans Altdorf, où le général Simpchen essaya en vain de prolonger la résistance.

C'est dans cette affaire que se distinguèrent et furent blessés, le capitaine de grenadiers Four-

---

mité de la vallée d'Engelberg. Elle partit le 14 à 3 heures du matin.

(1) « Huit compagnies de grenadiers, comme celles que j'ai, décident bientôt une affaire. » — Rapport du général Lecourbe.

-nier, et les lieutenants Bonnaud, Benoit, Renard et Génin, de la 38e demi-brigade. L'adjudant Hote et le sergent-major Payos moururent des suites de leurs blessures. Le sergent Legay et le fourrier Robert se signalèrent particulièrement dans cette circonstance, en s'élançant les premiers de la barque, et en chargeant l'ennemi avec la plus grande bravoure.

La prise d'Altdorf fit cesser le combat aux ponts de Séerdof et d'Attighausen. Lecourbe rallia le détachement de Porson, et poursuivit les Autrichiens jusqu'à Ersfeld, où il bivouaqua. Daumas poursuivit ceux qui se retiraient par le Schachen-Thal, et prit position à Burglen avec le 2e bataillon ; le 1er poussa, le lendemain, jusqu'à Spiringen.

La première colonne de droite, sous les ordres du général Loison, se composait de la 109e demi-brigade et de quatre compagnies de grenadiers des 38e, 76e et 109e demi-brigades ; elle se dirigea sur Wasen, dans la vallée de la Reuss, par le Gadmen-Thal. Après une marche très pénible, par des chemins couverts de neige et de glace, Loison n'arriva que le soir du 14 en face du fort de Meyen. Cet ouvrage, de forme hexagonale, revêtu et réparé, présentait un obstacle considérable et fermait entièrement la vallée, étant appuyé d'un côté au torrent de Meyen, de l'autre, à des rochers à pic. Il était défendu par quatre cents hommes et deux pièces de canon.

Il était très important que Loison s'emparât promptement de ce poste, afin de pénétrer dans la vallée de la Reuss, pour se relier à la 38e demi-brigade et seconder les attaques du général Gudin sur le Saint-Gothard, mais la nuit et la fatigue des troupes l'obligèrent à remettre l'attaque au lendemain.

Le 15, au matin, toutes les troupes demandent à donner l'assaut; les grenadiers de la 109e se présentent hardiment à l'entrée du seul sentier qui donne accès dans le fort, et bravent la fusillade et les coups de canon. Mais leurs attaques, partielles et mal combinées, ne réussissent pas. Loison fait alors avancer la réserve de grenadiers, commandée par le capitaine Stoffel, et composée d'une compagnie de la 38e et d'une compagnie de la 75e. Ce dernier effort est enfin couronné de succès; nos braves grenadiers pénètrent dans le fort, mais après avoir fait de nombreuses pertes.

Parmi les plus braves on remarqua le chef de brigade Houpert, de la 109e, le chef de bataillon Duchet, et le capitaine de grenadiers Langlois, de la 38e. Le caporal Constant, de la 36e, entra le premier dans le fort et fut fait sergent sur le champ de bataille.

Après la prise du fort, Loison continua aussitôt sa route sur Wasen d'où il envoya un bataillon de la 109e à la rencontre de Lecourbe. Ce dernier, très inquiet sur le sort de ses deux colonnes de droite, s'était mis en marche aux premières lueurs du jour, et remontait la rive droite de la Reuss. Arrivé à Amsteig, l'entrée du Madéran-Thal, il rencontra les Autrichiens solidement établis dans cette position. Les attaquer et les rejeter dans la vallée fut l'affaire d'un instant. Un bataillon de la 76e, sous les ordres du commandant Loisivy, fut chargé de la poursuite.

Après avoir rallié le général Loison à Wasen, Lecourbe se porta à la rencontre du général Gudin, qui avait dû s'avancer par les cîmes du Grimsel et de la Furca. Vers 4 heures du soir, on rencontra un poste autrichien au village de Gœschenen; on l'attaqua sur-le-champ; et les Autrichiens, surpris, furent ramenés tambour battant jusqu'au Pont-du-Diable, où ils avaient élevé des retranchements.

Le Pont-du-Diable était alors formé de deux arches, une grande et une petite, de 18 à 20 mètres d'élévation au-dessus du torrent (1). A quelque distance du pont la route traverse le Trou-d'Uri, étroit passage taillé dans le roc. Les retranchements élevés par l'ennemi s'appuyaient d'un côté à la Reuss, et de l'autre à des rochers à pic ; ils étaient, en outre, défendus par des chevaux de frise.

Dans l'impossibilité de tourner la position, le général Lecourbe lança ses grenadiers au pas de charge sur l'entrée du pont, dans l'espoir de refouler les Autrichiens et d'entrer pêle-mêle avec eux dans le Trou-d'Uri. Mais les grenadiers se trouvèrent tout à coup arrêtés par une large coupure que l'ennemi avait pratiquée sur le pont même, et furent contraints de rétrograder sous le feu violent de la rive opposée.

Cependant le pont fut réparé pendant la nuit, et le 16 au matin, les Français se disposaient à marcher en avant pour forcer le défilé, lorsque, à la grande satisfaction de Lecourbe et de ses troupes, on vit s'avancer, sur la rive droite, le général Gudin. Il arrivait exactement au rendez-vous.

---

(1) Il est actuellement d'une seule arche en plein cintre, de 4 mètres d'ouverture, de 5 mètres de largeur, et de 34 mètres d'élévation.

Lecourbe fut si satisfait de son lieutenant qu'il l'embrassa à la tête de sa brigade. Cet accueil était, du reste bien mérité.

Gudin avait eu à surmonter de grands obstacles. Il était parti, le 14, avec une colonne formée de la 67e demi-brigade, sous les ordres du chef de brigade Chossat, du 2e bataillon de la 25e légère, commandant Drouin, et du 2e bataillon du Léman. Il avait remonté la vallée de l'Aar et rencontré l'ennemi sur le Grimsel. Ce poste et les passages du Valais et de la Furca étaient occupés par plus de 2,000 Autrichiens ayant de belles positions. Gudin ne se laissa pas arrêter un seul instant par les difficultés de l'entreprise, et attaqua l'ennemi à la baïonnette. Les Autrichiens furent chassés de leurs différents postes et rejetés dans leurs camps d'Oberwald et de Gœschenen. Les Français les y suivirent, et les attaquèrent dans cette position, avec le même succès.

Gudin, bivouaqua sur le Grimsel, et se remit en marche le lendemain, 15 août, dans la direction d'Urseren et du Saint-Gothard par la Furca. Mais les Autrichiens avaient évacué le Saint-Gothard et Urseren, dans la nuit, pour se retirer dans la vallée de Dissentis. Le 16, Gudin descendit dans la vallée de la Reuss, et c'est alors qu'il rejoignit, au Pont-du-Diable, les troupes de Lecourbe et de Loison.

Cependant quelques compagnies, renvoyées à la poursuite des Autrichiens, rendirent compte qu'ils s'étaient ralliés sur le Crispalt, et qu'ils occupaient, près du lac d'Ober-Alp, des positions importantes, qui pouvaient leur donner la facilité de déboucher dans la vallée d'Urseren quand ils le voudraient.

Lecourbe reprit sa marche aussitôt. Il envoya un bataillon de la 57e occuper Airolo, et conduisit le reste de ses troupes à l'attaque des positions d'Ober-Alp.

Trois bataillons du régiment de Kerpen couvraient le chemin de Dissentis. Les hauteurs étaient couronnées de tirailleurs, et les pelotons étaient échelonnées dans de très belles positions, de manière à protéger les débouchés de Chiamut et de San-Giacomo.

Le combat devint bientôt très meurtrier, car les Autrichiens, humiliés des défaites des jours précédents, avaient à cœur de les réparer. Ils se battirent avec acharnement, et soutinrent intrépidement plusieurs charges à la baïonnette. Les Français, encouragés par leurs succès récents, ne montrèrent pas moins d'intrépidité et de constance.

Enfin, Lecourbe, impatienté d'une résistance aussi prolongée, réunit sept compagnies de grenadiers, et se mit à leur tête, avec les généraux Gudin et Loison. Cette masse de grenadiers, à qui rien ne pouvait résister, ébranlèrent les premiers pelotons de Kerpen, et les repoussèrent en désordre sur ceux qui se trouvaient en arrière. Ce ne fut bientôt plus qu'une déroute. Les Français les poursuivirent l'épée dans les reins de position en position, et finirent par les rejeter au fond de la vallée.

La poursuite se continua jusqu'à Tavestch. Quelques débris seulement du régiment de Kerpen parvinrent à Dissentis. Il avait laissé sur le champ de bataille, 200 tués, 400 blessés et 1,000 prisonniers, dont 20 officiers (1).

Le sergent de grenadiers Brigaud, de la 38e demi-brigade, fut promu sous-lieutenant, sur le champ de bataille, pour sa belle conduite dans cette affaire.

Le sergent Constant, déjà signalé, la veille, à l'attaque du fort Meyen, se fit encore remarquer par sa bravoure. Lecourbe lui promit le grade de sous-lieutenant.

Les généraux Thurreau et Chabran n'avaient pas été moins heureux que Lecourbe. Thurreau s'était rendu maître de toute la vallée du Rhône et de la Furca. Chabran, après avoir chassé les avant-postes de Jellachich, de la haute Sihl, avait complètement battu ce général à Notre-Dame-des-Ermites et l'avait poursuivi jusqu'à Rapperschwyl, sur la rive gauche du lac de Zurich.

Ainsi, le 16 août, trois jours après avoir commencé son mouvement, Lecourbe était maître du Saint-Gothard, de tout le cours de la Reuss, et se trouvait en mesure de rentrer dans les Grisons. Le principal résultat de cette glorieuse affaire fut encore l'effet moral qu'elle produisit sur les troupes de l'armée de Masséna, et sur les habitants de la Suisse, qui commencèrent à se persuader qu'il n'était pas impossible aux Français de sortir vainqueurs de la lutte dans laquelle ils étaient engagés. Le 18, les 1er et 2e bataillons de la 38e poussèrent une reconnaissance

---

(1) Rapport du général Lecourbe sur les combats des 27, 28 et 29 thermidor an VII.

sur le col de Klausen, où ils attaquèrent et enlevèrent plusieurs postes autrichiens; ils restèrent ensuite chargés de la garde du Schachen-Thal. Le 3e bataillon fut chargé d'occuper les postes de Wasen et de Stegs, et de garder l'entrée du Madéran-Thal.

La rapidité avec laquelle Lecourbe avait exécuté son mouvement n'avait pas permis à l'archiduc Charles d'envoyer du secours à son aile gauche ainsi écrasée; mais ce prince, dont l'armée venait de s'accroître de 30,000 Russes, tenta lui-même, le 16 août, une attaque contre la gauche française. Cette entreprise échoua, ainsi qu'une tentative de Jellachich pour reconquérir les positions perdues dans le canton de Glaris. La possession de ce canton était indispensable à Masséna, qui méditait le passage de la Limmat et une attaque générale contre toutes les positions de l'archiduc. Le général Molitor, qui venait de remplacer le général Boivin dans la division Lecourbe, reçut l'ordre de chasser les Autrichiens de tous les postes qu'ils occupaient dans la vallée supérieure de la Linth. Le général Soult, qui prit, à la même époque, le commandement de la division Chabran, fut chargé de seconder Molitor et de reprendre Uznach.

C'est dans la nuit du 27 au 28 août que Molitor reçut l'ordre de pénétrer immédiatement dans le canton de Glaris; il ne put réunir que douze compagnies de la 84e demi-brigade. C'est avec ces faibles ressources qu'il attaqua, le 28 au matin, les sommets du Pragel, défendus par des forces bien supérieures. Cette position fut emportée à la baïonnette, et les Autrichiens furent repoussés jusqu'au débouché du Klol-Thal. Ce débouché était couvert par le village de Nœstal, solidement défendu par les Autrichiens et des paysans armés. Avant d'attaquer cette position, Molitor voulut assurer sa droite. Le 29, au matin, laissant un bataillon devant Nœstal, il courut placer quatre compagnies en avant de Glaris, sur la grande route du Linth-Thal. Mais en retournant, pour diriger l'attaque de Nœstal, il trouva le passage intercepté par 1,500 paysans. S'étant fait jour, l'épée à la main, avec les dix hommes de son escorte, il regagna le Klœn-Thal, où le bataillon de la 84e se trouvait engagé.

Les Suisses avaient suivi le général ; ils attaquèrent les Français en queue et jetèrent quelque désordre dans les rangs de ces derniers. Molitor, secondé par son aide de camp Fridolsheim, se met aussitôt à la tête d'une soixantaine de grenadiers et charge les assaillants à la baïonnette. En un instant, tout ce qui avait passé le torrent fut tué, noyé ou prisonnier.

Pendant ce temps, les quatre compagnies laissées à Glaris avaient été attaquées par les Suisses et un bataillon du régiment de Kayser. Ces compagnies se firent jour à la baïonnette et rejoignirent Molitor au Klœn-Thal.

Le petit détachement de Molitor soutint jusqu'à la nuit un combat acharné contre trois bataillons du régiment de Bender, le bataillon de Kayser et plusieurs milliers de Suisses. Le général profita de la nuit pour entasser, sur le front de sa position, d'énormes quartiers de roc destinés à repousser l'assaut, dans le cas où les munitions viendraient à manquer.

Le lendemain, au point du jour, l'attaque recommença, mais les Autrichiens, trop confiants dans leur grande supériorité numérique, attaquèrent avec si peu de méthode et d'ensemble qu'il ne fut pas difficile de les repousser.

Après avoir été repoussés dans trois ou quatre attaques partielles, les Autrichiens se décidèrent enfin à donner l'assaut sur tous les points à la fois. Le feu terrible des Français ne les arrêtant pas, Molitor donna l'ordre de faire rouler sur eux les rochers préparés pendant la nuit. Ce dernier argument arrêta leur élan, et les fit rétrograder en désordre. Profitant habilement de ce premier moment de surprise, les Français se précipitèrent à bas des rochers, chargèrent les Autrichiens, les culbutèrent et s'emparèrent de Nœstal. Ce brillant fait d'armes valut au général Molitor la possession de la vallée de Glaris.

Dans la soirée même du 30 août, il fit sa jonction avec le général Soult, au delà de Nafels. Le 31, il établit ses avant-postes à Engi, à Matt et à Elm, dans la vallée de Sernft. Le 30, les deux premiers bataillons de la 38e avaient fait une démonstration sur le col de Klausen pour essayer de dégager Molitor. Le 31, ils pénétrèrent dans le Linthal et arrivèrent le 1er septembre à Schwanden, où ils se joignirent aux troupes de Molitor.

A la même date, les deux autres brigades de Lecourbe s'établissaient dans les positions conquises. Au Saint-Gothard, Gudin appuyait sa droite au Tessin et sa gauche au lac d'Ober-Alp. Un bataillon de la 67e couvrait les avenues de la Furca; les deux autres bataillons de la même demi-brigade garnissaient les hauteurs en arrière d'Airolo. Le 1er bataillon de la 109e occupait les postes du lac d'Ober-Alp, appuyant sa gauche au Crispalt et reliant sa droite à la gauche de la 67e. Le 2e bataillon de la 109e était à Gœschenen. Le quartier général était à l'hospice du Saint-Gothard.

Le général Loison se tenait dans la vallée de la Reuss, prêt à se porter au secours de Gudin. La 76e était à Altdorf et dans le Schachen-Thal. Les deux premiers bataillons de la 38e revinrent du Linthal, le 3 septembre, et s'établirent dans les positions de Unter-Schachen, du camp de Sainte-Anne, et de Spiringen. Quelques jours plus tard, le 3e bataillon vint relever, dans le Schachen-Thal, les deux premiers bataillons qui furent envoyés au camp d'Amsteig. L'effectif des brigades Gudin et Loison était alors d'environ 8,500 hommes présents.

IV

DÉFENSE DU SAINT-GOTHARD ET DE LA VALLÉE DE LA REUSS CONTRE L'ARMÉE DE SOUVAROW

24 septembre : combat du Saint-Gothard. — 25 septembre : défense du Pont-du-Diable et combat d'Amsteig. — 27 septembre : combats d'Ersfeld et d'Altdorf.

Les premiers jours de septembre se passèrent de part et d'autre en préparatifs d'attaque.

Les chefs de la coalition préparaient la réalisation d'un plan qui allait faire de la Suisse le théâtre d'événements à jamais mémorables. D'après ce plan, l'archiduc Charles prendrait l'offensive à la tête de l'armée du Rhin, tandis que Korsakow et Hotze(1) resteraient derrière la Limmat. Le maréchal Souvarow, débarrassé de l'armée française d'Italie, qu'il venait de battre à Novi, devait passer en Suisse par le Saint-Gothard, pendant que deux lieutenants d'Hotze, Linken et Jellachich, pénétreraient dans le canton de Glaris et jusqu'à Schwitz, afin de faciliter la jonction des deux armées. Le colonel Strauch,

---

(1) Depuis les combats des 30 et 31 août, le général Hotze appuyait sa droite à Rapperschwyl, sa gauche au Rhin antérieur, d'où il communiquait par une chaîne de postes avec le général Strauch, dont la brigade cantonnait vers les sources du Tessin. L'armée russe de Korsakow avait la plus grande partie de son corps de bataille en avant de Zurich, entre cette ville et la Sihl ; 5,000 hommes en avaient été détachés pour se réunir à Hotze vers les bords de la Linth. Le général Durazow, avec 8 bataillons et 10 escadrons, campait entre Kloster-Veiningen et Vürenlos ; le général Markow, avec 3 bataillons, était près de Kloster-Fahr, sur la rive droite de la Limmat, en face Diétikon. Le corps de Condé et une division bavaroise étaient en marche sur Schaffhouse.

Les forces de l'armée française étaient d'environ 80,000 hommes, y compris 5 à 6,000 hommes de troupes helvétiques. Elle occupait les positions suivantes :

1re division (Thurreau), 9,462 hommes, haut Valais ;

2e division (Lecourbe), 11,700 hommes, s'étendait depuis le Saint-Gothard jusqu'à Glaris ;

3e division (Soult), 12,600 hommes, tenait le pays entre Glaris et Adlischwyl, couvrant par son centre la rive gauche de la Linth ;

4e division (Mortier), 4,000 hommes, gardait le

qui surveillait la division Thurreau dans le Haut-Valais, couvrirait la marche de Souvarow. Une brigade autrichienne marcherait de Dissentis, par le Crispalt et le Madéran-Thal, dans la vallée de la Reuss, à Amsteig. La jonction une fois opérée, l'armée autro-russe de Suisse devait s'élever à plus de 80,000 hommes.

On remarquera que les forces dont disposait l'archiduc formaient une armée distincte. Ce prince ne voulait pas recevoir d'ordres de Souvarow, qui, de son côté, se considérait comme le véritable généralissime des Alliés. Le corps d'Hotze était d'environ 25,000 hommes. L'armée de Korsakow en comptait 30,000 ; Souvarow devait en amener autant d'Italie.

Le maréchal Souvarow était connu par ses campagnes contre les Turcs et par ses cruautés en Pologne. Il avait une grande vigueur de caractère, une bizarrerie affectée et poussée jusqu'à la folie, mais aucun génie de combinaison. C'était un petit homme à cheveux gris, presque

---

mont Utli et s'étendait depuis Adlischwyl jusqu'à Altstædten :

5e division (Lorge), 8,000 hommes, couvrait la rive gauche de la Limmat entre Altstædten et Baden ;

6e division (Ménard), 8,500 hommes, depuis Baden jusqu'à l'embouchure de l'Aar ;

7e division (Klein), 3,700 hommes, dans le Frickthal ;

8e division (Chabran), 9,310 hommes, concentrée à Bâle ;

Division de l'intérieur (Montchoisy), 2,500 hommes.

toujours méconnaissable, parce qu'il était vêtu comme un simple sous-officier. Son armée lui ressemblait ; elle avait une bravoure qui tenait du fanatisme, mais aucune instruction (1).

Souvarow arriva à Taverne le 4 septembre. Son armée n'était en réalité que de 16,000 hommes, formés en quatre divisions, sous les ordres des généraux Derfelden, Schweikoski, Foster et Rosenberg. L'organisation de ses convois lui fit perdre quinze jours.

Le 21 septembre, la division de Rosenberg, qui était forte de 6,000 hommes. remonta la vallée du Tessin jusqu'à Biasca, et s'engagea dans la vallée de Blegno. Ce corps avait pour mission de gagner Dissentis par Sainte-Marie et le Lukmanier, pour se porter ensuite, par l'Ober-Alp, sur les revers de la position du Saint-Gothard. Ce mouvement était combiné avec la marche d'un détachement que le général Auffemberg devait envoyer de Dissentis sur Amsteig, par le Madéran-Thal. Souvarow arriva le même jour, avec le gros de ses forces, à Bellinzona. Le 22, il était à Giornico, tandis que la brigade Strauch, qui remontait la vallée par la rive droite, arrivait à Faido.

Le 23, l'avant-garde russe, sous Derfelden, prenait position à Dazio, à 11 kilomètres des avant-postes français d'Airolo, et s'arrêtait pour donner le temps à Rosenberg d'exécuter son grand mouvement tournant.

Pendant que l'armée russe se rapprochait du Saint Gothard, les généraux Masséna et Lecourbe

(1) Thiers.

se préparaient à prendre l'offensive sur toute la ligne. Tandis que Masséna passerait la Limmat à Diétikon, pour attaquer les corps d'Hotze et de Korsakow, Lecourbe devait pénétrer dans la vallée de Dissentis et marcher sur Ilanz et Reichenau. Cette attaque devant avoir lieu le 25 septembre, il avait, le 23, donné des ordres pour que les mouvements préparatoires s'exécutassent dans la journée du 24. Les deux premiers bataillons de la 38e avaient l'ordre de se porter du camp d'Amsteig sur Urseren ; le 3e bataillon ne devait laisser qu'une compagnie au camp de Sainte-Anne ; une autre compagnie devait garder le Klausen-Pas, tandis que quatre autres compagnies seraient en réserve à Altdorf et à Flüelen, et qu'une dernière garderait le Maderan-Thal. Douze compagnies de la 76e demi-brigade, qui avaient été mises, depuis quelques jours, à la disposition de Molitor, devaient remonter la vallée de Matt et d'Engi, et se porter sur Ilanz par le col de Panix.

Masséna et Lecourbe étaient mal renseignés sur les mouvements de l'armée russe et croyaient qu'elle se dirigeait sur Come et le Splügen. Toutefois, si le mouvement général de l'armée eût été avancé d'un jour, Rosenberg aurait rencontré Lecourbe sur sa route et il aurait été battu avant que Souvarow ait eu le temps de forcer le Saint-Gothard. Il arriva, au contraire, que la division Lecourbe fut surprise.

Le 24 septembre, le passage de l'Ober-Alp n'était défendu que par un batailon de la 109e, et Gudin n'avait pour défendre le Saint-Gothard que les deux bataillons de la 67e et un bataillon de grenadiers que Lecourbe venait de lui envoyer pour le renforcer, en prévision de la marche du gros de la division sur Dissentis. Ces trois derniers bataillons n'avaient pas 2,000 hommes présents sous les armes.

Ce même jour, à 3 heures du matin, les colonnes d'attaque de Souvarow se mettent en marche. La colonne de droite, formée de l'avant-garde de Bagration et de Schweikoski, s'avance sur Madrano et Valle; celle de gauche, formée de trois bataillons autrichiens et russes, longe le pied des hauteurs de la rive droite; celle du centre, composée de la division Forster et de deux bataillons autrichiens, s'avance sur Airolo par la grande route.

A 2 heures du soir, l'avant-garde de Bagration rencontre les avant-postes de la 67e demi-brigade en avant d'Airolo; ceux-ci, après une faible résistance, se replient sur le village de Bosco, où, postés derrière les rochers, ils ouvrent un feu très vif sur les assaillants. Dans l'intervalle, la colonne de Bagration escalade les hauteurs et tourne la gauche des Français. La 67e prend une nouvelle position dans l'étroite gorge du val Tremola, à cheval sur le torrent et le chemin muletier.

Cette seconde position est alors attaquée de front par le gros des divisions Schweikoski et Fœrster s'avançant par le chemin muletier; les Français résistent avec vigueur; cachés derrière les rochers et profitant des plis du terrain, ils dirigent sur la colonne d'attaque un feu bien nourri, et quand, débordés sur la gauche par les troupes de Bagration et de Baranwski, ils doivent se replier, ils se retirent pas à pas, gagnent de position en position la crête du Gothard, où ils trouvent le restant de la 67e et le bataillon de grenadiers fortement établis en avant de l'hospice.

Les soldats de Forster et de Schweikoski, dans l'impossibilité de tourner cette nouvelle position, s'élancent bravement à l'assaut. Les Français, installés derrière des blocs de rochers, dirigent sur eux une fusillade meurtrière. Repoussés une première fois avee de grandes pertes, les Russes reviennent à la charge. Cette seconde tentative échoue, et leur coûte plus de monde que la précédente ; déjà 1,200 Russes sont hors de combat.

« Souvarow (1) assiste en apparence impassible à ces efforts, et cependant la journée s'avance ; il est 4 heures. On est sans nouvelles de Rosenberg, et les soldats de Bagration n'ont pas encore escaladé les sommets rocheux du Gothard. Souvarow donne alors l'ordre de déloger à tout prix les Français de leur position. Mais au moment même où se produit cette troisième attaque, le prince Bagration paraît sur la cîme neigeuse, sur le flanc gauche de l'ennemi. Surpris par cette manœuvre, les Français abandonnent aux Russes la crête du Gothard et se replient sur Hospenthal. En vain essaient-ils de se cramponner au flanc de la montagne ; les troupes russes ayant reformé leurs rangs sur la crête du Gothard, descendent sur eux et les forcent à chercher un refuge dans le village. Gudin veut entamer une

---

(1) *Revue militaire de l'Etranger*, no 627, 30 juillet 1885, d'après la narration officielle russe du colonel Milioutine.

nouvelle lutte avec un bataillon de la 109e, venu de Goschenen, lorsqu'il apprend que sa ligne de retraite est menacée par une colonne russe débouchant de l'Ober-Alp. C'étaient les troupes de Rosenberg. Parties au point du jour de Tavetsch, elles avaient remonté la vallée du Rhin jusqu'au pied du Crispalt; les Cosaques ayant pris contact avec les postes avancés français, la colonne s'était déployée : l'avant-garde de Miloradowitch gravissant, avec les Cosaques, les hauteurs à gauche; le général Rehbinder, et deux régiments, continuant à s'avancer par la route; le régiment de Mansourow, détaché sur la droite, et escaladant les escarpements du Crispalt, pour tourner l'aile gauche des Français; un régiment restant en réserve pour garder le convoi. Les avant-postes, devant ces forces considérables, avaient regagné la crête et fusillé de là les assaillants : délogés par une charge à la baïonnette, les Français prirent ensuite position sur les deux rives du lac d'Ober-Alp. »

Attaqué sur sa gauche par Mansourow, de front par Rehbinder, s'avançant sur la route au nord du lac, à l'aile droite par Miloradowitch, le 1er bataillon de la 109e lutte énergiquement, en dépit de son infériorité, jusqu'au moment où il est tourné sur sa droite, il se retire alors vivement sur Urseren, où il trouve le 1er bataillon de la 38e, arrivant en toute hâte d'Amsteig, et conduit par le commandant Juillet. Ce bataillon était envoyé par Loison au secours de Gudin. Les Français se reforment en avant du village, au pied d'une hauteur, pendant que les Russes se rassemblent eux-mêmes sur un contrefort de la montagne.

« Un brouillard épais étant descendu avec la nuit sur la vallée, les Russes en profitent pour dégringoler les pentes abruptes qui les séparent d'Urseren, et pour tomber à l'improviste sur les Français. Ceux-ci essaient de faire bonne contenance, mais, se voyant presque enveloppés, ils battent en retraite, laissant à l'ennemi 180 morts et 3 pièces d'artillerie, et les munitions accumulées dans Urseren, en vue de l'opération projetée sur Dissentis : 370,000 cartouches et un jour de vivres pour toute la division Lecourbe (1). Il était plus de 7 heures du soir; la nuit noire était venue. Les Russes s'installèrent dans les positions conquises pendant que les Français se retiraient par la rive gauche de la Reuss.

» Le général Gudin était, à la même heure, ramené dans Hospenthal par les troupes de Souvarow qui y pénétrèrent à sa suite, et il devait à son tour abandonner ses positions. La retraite par le Pont-du-Diable lui étant interdite, il se dirigea, avec toutes ses troupes, sur Réalp, où il arriva à 2 heures du matin. »

Le lendemain, il prit position sur les sommets de la Furca et du Grimsel avec les débris de la 67e, les deux bataillons de la 109e et le premier bataillon de la 38e, gardant ainsi la tête des vallées de la Reuss et de l'Aar, et se réservant la possibilité de reprendre le Saint-Gothard aussi-

---

(1) Lecourbe écrivait à Masséna, le 27 septembre, du bivouac de Pont-de-Séerdorf, 10 heures du soir : « Je n'ai plus de subsistances, ni à Lucerne, ni ici : la plus grande partie de ce que j'avais a été prise à Urseren. »

tôt que l'ennemi s'en éloignerait. Celui-ci le fit suivre par trois bataillons.

La nouvelle de l'attaque des positions de Gudin par les Russes surprit Lecourbe à Altdorf. Ignorant les dispositions prises par les Russes, et pensant qu'on se contenterait de l'attaquer par la route, il se mit en mouvement, dans la journée du 24, pour soutenir Gudin. Il n'avait emmené avec lui que ce qu'il avait pu réunir en toute hâte de la 76e demi-brigade, et le 2e bataillon de la 38e qui était encore au camp d'Amsteig.

Après avoir marché une partie de la nuit, il arriva, dans la matinée du 25 septembre, au Pont-du-Diable et au Trou-d'Uri, que le général Loison gardait avec quelques compagnies de la 76e. Il avait l'intention d'attaquer les Russes, dont il croyait que l'avant-garde seulement occupait Urseren, lorsqu'il fut lui-même attaqué vers 7 heures. Repoussés à l'entrée du défilé, les Russes escaladent les hauteurs sur les deux rives et prennent à revers les défenseurs du pont. Ceux-ci se hâtent de faire sauter la petite arche du pont, et malheureusement ferment toute retraite aux défenseurs du Trou-d'Uri. Ces derniers, se voyant acculés au précipice, jettent à l'eau la pièce d'artillerie qui battait le défilé, et cherchent à se sauver en franchissant la Reuss. Lecourbe charge les Russes qui descendent des hauteurs et menacent de lui couper la retraite. Ils tiennent déjà la partie de la route qui passe sur la rive droite.

En cet instant, le général apprend que l'ennemi a débouché par le Madéran-Thal, et qu'il s'est emparé d'Amsteig. Sans perdre un instant,

Lecourbe, laissant à Loison le soin d'arrêter les Russes avec le 2e bataillon de la 38e, prend avec lui le bataillon de la 76e et ses grenadiers, escalade les hauteurs de la rive gauche pour redescendre sur Gœschenen et Wasen, et se porte, au pas de course, sur Amsteig. Il arrive à propos pour empêcher la rupture complète du pont, déjà à moitié coupé.

La 2e compagnie du 3e bataillon de la 38e, sous les ordres du lieutenant Perruchot et du sous-lieutenant Gautrot, se trouvait seule dans le Madéran-Thal pour arrêter les 4,000 Autrichiens que conduisait le général Auffemberg. Pendant quatre heures, elle arrêta dans ce défilé la colonne ennemie, se repliant de position en position, et ne battant en retraite que lorsqu'elle se voyait sur le point d'être enveloppée. Les compagnies du même bataillon, laissées en réserve à Altdorf, étaient accourues à son aide, et disputaient à Auffemberg la possession du village quand Lecourbe arriva.

Le bataillon de la 76e s'élance au pas de charge sur les poutres du pont et sous le feu de plus de 2,000 hommes. Les Autrichiens, surpris par l'arrivée de ce nouvel adversaire, abandonnent le village, mais ils résistent vigoureusement à l'entrée du Madéran-Thal, et parviennent à s'y maintenir, grâce au danger qui menace Lecourbe. Ils laissent néanmoins plus de 200 prisonniers entre les mains des Français.

Sa communication avec Altdorf rétablie, Lecourbe s'empressa de faire évacuer toute son artillerie, pendant que le 2e bataillon de la 38e, dirigé par le chef de brigade Daumas et le commandant Simon, tenait tête aux troupes de Souvarow, et rétrogradait de position en position, en faisant sauter tous les ponceaux jusqu'à Amsteig, où il se battit jusqu'à dix heures de soir.

Lecourbe jugea prudent de concentrer tout ce qu'il put rallier de ses forces afin de retenir Souvarow dans la vallée de la Reuss, et l'empêcher de pénétrer, par Engelberg, sur Stanz, et de tourner ainsi le flanc droit de Masséna.

Il pressa Gudin de lui renvoyer le 1er bataillon de la 38e et un bataillon de la 109e, ce que celui-ci s'empressa de faire, ne gardant, sur ses positions du Grimsel, que les deux bataillons de la 67e et ses grenadiers.

Le 26 au matin, les Russes attaquèrent vigoureusement les avant-postes d'Amsteig, et refoulèrent devant eux les trois faibles bataillons que les Français purent leur opposer. Pendant que Loison passait la Reuss aux ponts d'Attinghausen et d'Ersfeld, et les détruisait derrière lui, Lecourbe prenait position avec une réserve de 800 hommes, sur les revers des Alpes de Surenen, en arrière du pont de Séerdorf, qu'il garda pour se réserver la faculté de reprendre l'offensive. Les revers de ces trois journées n'avaient pas abattu son ardeur. Les nouvelles qu'il reçut ce jour-là lui firent immédiatement entrevoir la possibilité de reprendre l'offensive, et le moyen de tirer parti de la situation embarrassante dans laquelle allait se trouver le maréchal Souvarow. Il donna l'ordre à Gudin de placer deux bataillons de la 109e à Gutnen et à Meyringen, et dirigea Loison, avec les deux premiers bataillons de la 38e, sur Engelberg. Trois compagnies de grenadiers furent détachées au col de Brünig, et deux compagnies du 2e bataillon de la 38e furent envoyées dans le Mutten-Thal, pour couvrir les derrières du général Molitor, qui occupait toujours la vallée de Glaris, et allait se trouver dans une position critique entre les Russes et les Autrichiens. Quatre autres compagnies, dont trois du 3e bataillon de la 38e, sous les ordres de l'adjudant-major Vautrin, furent envoyées à Schwitz pour couvrir ce point qui pouvait être découvert.

Il engagea en même temps Masséna à se rabattre sur sa droite pour écraser Souvarow, et à lui envoyer quelques renforts. Tandis que les mouvements qu'il avait prescrits s'exécutaient, Lecourbe apprit, dans la journée du 27 septembre, que les Russes étaient parvenus à faire établir une solive sur les traverses du pont d'Ersfeld, et commençaient à passer la Reuss avec trois bataillons. Pour faire diversion à cette entreprise, il passa lui-même la rivière au pont de Séerdorf avec un bataillon, quatre compagnies de grenadiers et deux canons. Cette petite troupe tourne le village d'Altdorf, culbute les avant-postes et poursuit les Russes jusque dans leur camp. La panique se propage rapidement, Altdorf est abandonné. Le vieux Souvarow prend le change et s'empresse d'abandonner l'attaque d'Ersfeld pour porter secours à son avant-garde.

Lecourbe soutint le combat jusqu'à la nuit pour ne pas faire connaître la faiblesse de sa colonne, et vint ensuite rejoindre le général Loison, sans avoir perdu beaucoup de soldats dans ce mouvement aussi périlleux qu'habilement combiné.

V

COMBATS AUTOUR DE ZURICH ET DANS LA VALLÉE DE GLARIS

25 septembre : Passage de la Limmat et bataille de Zurich. — Attaque combinée des colonnes de Jellachich et de Linken contre Molitor. — Défaite de Jellachich. — Combats de Mittlodi et de Glaris.

Le généralissime des armées de la coalition était entré à Altdorf dans la soirée du 26 septembre, et s'était empressé de requérir des guides pour conduire son armée à Zurich. Grande fut sa surprise quand il apprit que les Français étaient maîtres de cette ville depuis la veille (1).

(1) Un rapport de Lucerne, du 9 vendémiaire an VIII porte ce qui suit :

« Souvarow est arrivé à Altdorf le 5 au soir ; il s'est de suite transporté chez le sous-préfet qu'il a embrassé, ne sachant qui il était, et lui a demandé des guides pour aller à Zurich.

» Le préfet, voyant devant lui un petit homme sans habit ni chapeau, en chemise et une petite veste blanche, et qui était décoré de chaînes et de croix, comme un pèlerin de Saint-Jacques, lui demanda son nom.

» — Je suis Souvarow, je vais à Zurich avec mon armée.

» — Mais les Français y sont depuis hier.

» Alors Souvarow commença à pester contre Rimskoï- Korsakow et disparut.

» Les Russes qu'il a amenés avec lui ont été obligés de passer sur trois poutres l'abîme du

La nouvelle était vraie. Le 25 septembre, les Français avaient passé la Limmat au coude de Diétikon et chassé les Russes des collines qui séparent cette rivière de la Glatt. Les positions de Zurich et de la Linth furent attaquées avec le même succès. Les Russes se défendirent vaillamment à Zurich, mais l'opiniâtreté de la résistance rendit la défaite complète. Les Autrichiens, qui formaient la gauche de l'armée des Alliés, furent coupés des Russes par la division Soult. Le général Hotze fut tué dès le commencement de la journée. Les Français, maîtres de la position de Zurich, des deux rives du Lac, et du cours de la Glatt, poursuivirent, dans les deux directions de Saint-Gall et de Schaffhouse, les Russes et les Autrichiens séparés qui, ne pouvant se rallier, ni prendre de bonnes positions sur la Thur, furent contraints de passer le Rhin et de mettre entre eux le lac de Constance.

Dans le canton de Glaris, le succès des Français fut tout aussi éclatant. Le général Molitor avait reçu de Masséna l'ordre de menacer Wesen à l'extrémité occidentale du lac de Wallenstadt, afin de faciliter au général Soult le passage de la Linth. Au moment où il se disposait à faire ce mouvement dans la matinée du 25, il fut informé que le général Jellachich, parti le 22 de Sargans et Ragaz, avec trois régiments, s'avançait par

---

Pont-du-Diable. Ils ont perdu beaucoup de monde par cette manière peu commode de franchir les précipices. On peut bien juger par là qu'ils n'ont pas pu amener avec eux beaucoup de vivres, excepté quelques bœufs. »

Kerenzen et Mollis, ainsi que par les défilés qui s'ouvrent sur Nœstal et Glaris.

Cette attaque de Jellachich était combinée, comme nous l'avons déjà fait remarquer, avec la marche de Linken, qui, partant d'Ilanz avec 8,000 hommes, devait déboucher en deux colonnes, l'une par le col de Panix et Engi ; l'autre, par le col de Kisten et le Linthal. Ces deux colonnes devaient se réunir à Schwanden, et rejoindre, à Glaris, le corps de Jellachich et l'armée de Souvarow.

Molitor n'avait à opposer à Jellachich que les trois bataillons de la 84ᵉ demi-brigade, avec lesquels il sut cependant se maintenir et repousser les attaques de son adversaire. Les Français, placés dans des ouvrages construits en arrière des ponts de Nafels et Nœstal, résistèrent aux charges réitérées des Autrichiens, et la nuit vint suspendre le combat. Les Autrichiens bivouaquèrent à portée de fusil des retranchements français.

Le même jour, 25 septembre, Linken obtenait un succès inespéré à Schwanden. Ce général n'avait trouvé devant lui que douze compagnies de la 76ᵉ demi-brigade, détachées par Loison, dans la journée du 22, pour garder le Linthal pendant la diversion de Molitor vers Wesen. Ces douze compagnies rencontrèrent la colonne de droite de Linken à Elm. Après un combat des plus vifs, elles durent céder à la supériorité du nombre et se retirèrent sur Schwanden ; elles y trouvèrent la colonne de gauche autrichienne. Entourées de toutes parts par des forces infiniment supérieures, ces compagnies se défendirent avec valeur pendant une demi-journée jusqu'au moment où l'épuisement complet de leurs munitions les obligea à se rendre.

Molitor se trouvait pris entre Jellachich et Linken. Il semblait impossible qu'il pût éviter d'être écrasé par les forces réunies contre lui; mais Molitor était du nombre de ces guerriers dont l'intrépidité réfléchie calcule tous les moyens de résistance, et que l'imminence du danger n'aveugle point sur les ressources qui peuvent leur rester encore. Placé par Masséna dans un poste difficile, il voulut et sut répondre à la confiance de son illustre chef. Au lieu de songer à la retraite, il ne pensa qu'à tirer le meilleur parti de sa position pour empêcher la réunion des troupes de Jellachich et de Linken.

Le 26 septembre, il laissa un de ses bataillons à Mittlodi, en avant de Glaris, pour attendre et arrêter Linken, pendant qu'il repousserait Jellachich. Il espérait que le général Soult, poursuivant ses succès de la veille, chasserait de Wesen les débris de l'armée d'Hotze et lui prêterait son concours en inquiétant la droite de son adversaire. Sa prévision se réalisa. Les troupes de Soult s'emparèrent de Wesen dans la matinée, et s'étendirent vers la droite de Jellachich. Ce général, averti, par les fuyards de Wesen, des succès de Soult et de la mort d'Hotze, vivement attaqué de front par Molitor, commença à craindre pour sa retraite; après une faible résistance, il se hâta de repasser les montagnes pour regagner Wallenstadt, laissant entre les mains des Français plus de 600 prisonniers.

A peine Jellachich avait-il commencé son mouvement rétrograde, que Molitor fut prévenu que le bataillon laissé à Mittlodi était vivement attaqué par les troupes de Linken. Laissant un bataillon à la poursuite de Jellachich, le général courut, avec celui qui lui restait, soutenir celui qui combattait à Mittlodi. Dans l'espoir de tromper l'ennemi sur la force de sa colonne, il prit immédiatement l'offensive, mais il dut s'en tenir pour ce jour-là à empêcher l'ennemi de dépasser Glaris (1).

Le lendemain, 28 septembre, les Autrichiens ne tardèrent pas à s'apercevoir du petit nombre de leurs adversaires; ils attaquèrent avec beaucoup de vigueur, mais tous leurs efforts furent rendus inutiles par la résistance héroïque des deux bataillons de la 84e, et la nuit revint sans que Linken ait fait aucun progrès.

Molitor, encouragé par ce succès et par l'arrivée de deux bataillons de la 44e, envoyés à son secours par le général Soult, se réjouissait déjà dans l'espoir d'obtenir, le lendemain, sur Linken, le même succès qu'il avait eu la veille sur Jellachich, lorsqu'il reçut la nouvelle accablante que le maréchal Souvarow se dirigeait sur lui, et allait déboucher par le Klœn-Thal. La position était bien critique, car ce n'était plus seulement contre un ennemi trois fois plus nombreux qu'il s'agissait de lutter, c'était contre toute une armée, et une armée qui venait de conquérir l'Italie. Néanmoins, le général Molitor ne se montra pas plus découragé que deux jours auparavant. Comprenant que Glaris était le point de rendez-vous donné par Souvarow aux généraux

(1) Molitor ignorait encore la marche de Souvarow par le Saint-Gothard et les résultats de la lutte.

Linken et Jellachich, il donna l'ordre au bataillon de la 84e, qui tenait toujours le débouché du Klœn-Thal, à Nœstal, de se défendre à outrance pour lui laisser le temps de chasser Linken du Linthal. Pour avoir une idée de la position du petit détachement de Molitor, il suffit de remarquer que Linken, avec ses 8,000 hommes, ne se trouvait qu'à deux lieues de l'avant-garde de l'armée de Souvarow, et n'avait devant lui, pour lui fermer la route, que 2,500 Français (1).

Le 29, à la pointe du jour, et au signal d'un coup de canon, les petites colonnes que Molitor avait disposées pendant la nuit (2), pour attaquer la ligne des Autrichiens, commencèrent leur mouvement. La première ligne de l'ennemi fut d'abord culbutée; la seconde ligne vint à son secours, mais ne parvint pas à arrêter la marche impétueuse des colonnes françaises. Tous les soldats de Molitor connaissaient l'approche de Souvarow et avaient juré de vaincre. Tous les efforts des Autrichiens se brisèrent contre cette bravoure indomptable qui les arrêtait depuis deux jours.

Bientôt Linken s'aperçoit que ses ailes sont débordées et que son centre faiblit; il donne l'ordre de la retraite. Les Français s'élancent au

---

(1) Molitor reçut ce jour-là un renfort composé du 1er bataillon de la 25e légère.

(2) Le général avait réuni les officiers de ses quatre bataillons sur un point d'où l'on dominait toutes les positions de l'ennemi; il leur avait expliqué, le plus clairement possible, le plan d'attaque pour le lendemain et la part que chacun d'eux devait y prendre.

pas de charge avec le plus grand ordre, et ne donnent pas à l'ennemi le temps de se reconnaître. Les Autrichiens sont culbutés et poursuivis, la baïonnette dans les reins, jusque dans la vallée d'Engi.

Ce succès rendait impossible la jonction des Russes et des Autrichiens dans la vallée de Glaris. Molitor laissa les deux bataillons de la 44e dans la vallée d'Engi, pour accélérer la retraite de Linken, et revint en toute hâte à Nœstal, où le 2e bataillon de la 84e luttait depuis la veille contre le régiment de Kerpen, qui formait l'avant-garde de l'armée de Souvarow. Les plus grands efforts restaient encore à faire.

VI

RETRAITE DES RUSSES ET FIN DE LA CAMPAGNE

Marche de Souvarow sur Glaris. — 1er octobre : combat de Nafels. — 29 septembre et 1er octobre : combats de la Muotta. — 5 octobre : combat de Schwanden. — Défaite des alliés. — Fin de la campagne.

La résistance de Lecourbe sur la rive gauche de la Reuss, et la nouvelle de la défaite des Alliés à Zurich, avaient déterminé le maréchal Souvarow à quitter précipitamment la vallée de la Reuss pour se jeter dans le Schachen-Thal, dans l'espoir de rallier les débris des corps d'Hotze et de Korsakow. Il envoya l'ordre à Linken et à Jellachich de venir le rejoindre, ou de tenir ferme *comme des murailles* en attendant son arrivée (1). Il suivit le sentier qui conduit par le col de Kinzig dans le Mutten-Thal, passage abominable où il ne pouvait passer qu'un homme de front. L'armée mit deux jours à faire ce trajet de quelques lieues. Le premier homme était déjà à Muotta que le dernier n'avait pas encore quitté Altdorf. Les précipices étaient couverts d'équipages, de chevaux et de soldats mourant de faim ou de fatigue.

Souvarow croyait toujours que les généraux Jellachich et Linken tiendraient leurs promesses, et il espérait même les trouver dans le Mutten-Thal, mais il ne trouva, à son arrivée à Muotta (2), le 28 septembre, que la certitude du désastre de Zurich, et la route de Schwitz barrée par la division Mortier. Sa position était effrayante, car il semblait aussi impossible de revenir sur ses pas que de s'aventurer du côté de Schwitz, avec une armée épuisée de fatigue et de besoins, dénuée d'artillerie et de munitions, ayant le vainqueur entre lui et l'armée qu'il cherchait à

---

(1) Un ordre intercepté portait cette injonction laconique : « MM. les feld-maréchaux lieutenants Hotze, Linken, Jellachich, Korsakow, je vous rends responsables sur vos têtes d'un pas de plus que vous ferez en arrière. Je marche pour réparer vos fautes. Je suis à Schwitz. »

(2) L'une des deux compagnies de la 38e envoyées par Lecourbe dans le Mutten-Thal, dans la soirée du 26 septembre, la 7e compagnie du 2e bataillon, fut surprise par l'arrivée imprévue de l'avant-garde russe à Muotta, et obligée de mettre bas les armes, le 28 septembre, après une vive résistance.

joindre. Il ne lui restait qu'un parti à prendre, c'était d'aller, par le chemin le plus court, vers Glaris, d'y rallier les détachements autrichiens qui s'y étaient donné rendez-vous, et de gagner ensuite les Grisons.

Mais le vieux maréchal ne pouvait se faire à l'idée qu'il allait perdre son prestige d'invincibilité ; son caractère altier s'irritait d'être contraint à une retraite aussi désastreuse par la faute de ses lieutenants. Il songea pendant quelque temps à pousser sur Schwitz, et à s'ouvrir un chemin de vive force sur Zurich, mais il reconnut bientôt qu'il n'était plus temps de recourir à ce moyen désespéré. En effet, le général Masséna s'était empressé, dès qu'il avait été prévenu de l'entrée des Russes à Altdorf, de diriger sur Schwitz la division Mortier, et de faire occuper Wesen par la totalité de la division Soult. Le général en chef se trouvait lui-même à Schwitz.

Les Russes étaient si harassés du pénible passage de la montagne qu'il fallut les laisser reposer le 29.

Le 30, l'armée de Souvarow commença à gravir le Pragel et à déboucher dans le Klœn-Thal, où son avant-garde, formée de la division d'Auffemborg, se trouvait depuis la veille; la division Rosenberg resta seule à Muotta pour observer l'entrée de la vallée et protéger la retraite. Persuadé qu'en exécution des dispositions qu'il avait ordonnées, les généraux Jellachich et Linken étaient réunis à Glaris, Souvarow supposait que la petite troupe de Molitor était, par suite, environnée de toutes parts, et il envoya un officier pour lui enjoindre de se rendre à discrétion.

Molitor fit répondre au maréchal que le rendez-vous avec les généraux autrichiens était manqué, parce que ceux-ci venaient d'être battus et rejetés dans les Grisons, que l'armée française, après avoir pris Zurich, était en marche contre lui, Souvarow, et qu'enfin il le sommait lui-même de songer à se rendre.

Ces étranges nouvelles et cette audacieuse sommation surprirent Souvarow, mais son impatience et sa colère s'en accrurent, et il s'empressa de faire attaquer les troupes de Molitor. Il avait hâte d'arriver à Glaris, car il n'abandonnait pas encore l'espoir de rallier les débris des corps autrichiens, et de ramener la victoire sous les drapeaux des Alliés.

Molitor n'avait que trois bataillons, présentant une force totale de 12 à 1,500 hommes, à opposer à une masse de 15,000 Russes. Pendant toute la journée du 30 il résista énergiquement aux deux divisions Bagration et Auffemberg, mais, désespérant de voir arriver des renforts, et menacé d'être enveloppé. il prit le parti, à l'entrée de la nuit, de se retirer sur la Linth, pour couvrir les ponts de Nafels et de Mollis. Un bataillon et trois pièces d'artillerie passèrent sur la rive droite de la rivière par le pont de Nœstal et se replièrent sur Mollis, pendant que les deux autres bataillons restaient sur la rive gauche, et battaient en retraite par échelons, sous la protection des feux de trois canons. Le pont de Nœstal fut brûlé.

Ce ne fut pas sans beaucoup de peine que Molitor parvint à organiser la retraite, car Français et Russes étaient pêle-mêle, et on ne se battait plus qu'à la baïonnette. Les Français s'établirent solidement à Nafels et à Mollis avec la ferme résolution de se défendre jusqu'à la dernière extrémité. Les deux bataillons de la 44e, laissés à la poursuite de Linken, avaient rejoint, et on attendait l'arrivée d'un renfort que le général Gazan amenait de Wesen, où il venait de remplacer Soult, dans le commandement de la troisième division de l'armée d'Helvétie.

Maître du Klœn-Thal par la retraite des Français, Souvarow avait marché sur Glaris, qu'il trouva également évacué; il ne pouvait plus douter du désastre des Alliés. Il voulut essayer de s'ouvrir un chemin vers le lac de Wallenstadt, afin de regagner les Grisons par Sargans, et attaqua Molitor avec toutes ses forces le 1er octobre.

Les Russes se jetèrent avec furie sur les bataillons français, qui soutinrent le choc avec une valeur sans égale. Les soldats de Molitor, espérant qu'ils seraient bientôt soutenus, oublièrent dix jours de fatigue, de privations et de combats opiniâtres, et opposèrent aux soldats du vainqueur de Novi une résistance à laquelle ceux-ci étaient loin de s'attendre.

Les attaques des Russes se multipliaient avec une rapidité étonnante ; à une de leurs colonnes culbutée en succédaient plusieurs autres, qui chargeaient avec un grand acharnement. La nuit interrompit à peine le combat. Toute la journée du lendemain se passa en attaques toujours repoussées et sans cesse renouvelées ; sept fois ils furent rejetés jusqu'à Nœstal. A la fin de la journée, ils parvinrent cependant à pénétrer dans le village. Mais, au même instant, le général Gazan arrivait avec un bataillon de grenadiers.

Molitor prit aussitôt ses dispositions pour

repousser encore une fois les Russes, et rester définitivement maître de Nafels. Le bataillon de grenadiers fut laissé en réserve au pont, et on forma trois colonnes d'attaque, qui reçurent l'ordre de n'agir qu'à la baïonnette.

Les Russes attendirent l'attaque l'arme au bras; mais les Français attaquèrent avec tant d'impétuosité qu'il fut impossible de leur résister. Les Russes furent rejetés en désordre sur Nœstal, où leur réserve arrêta la retraite et essaya un nouveau retour offensif. Les Français soutinrent ce nouveau choc avec une valeur étonnante. Ils commençaient cependant à perdre un peu de terrain, lorsque 300 hommes de renfort de la 94e demi-brigade arrivèrent au pas de charge et assurèrent le succès. Molitor conserva en avant de Nafels et de Mollis les positions qu'il défendait si vaillamment, depuis deux jours, avec 3,000 hommes contre 15,000 Russes (1).

La résistance de Molitor enlevait à Souvarow tout espoir d'arriver à Wallenstadt avant les les Français, et de gagner les Grisons par la route de Sargans; il se détermina, après deux jours d'indécision, à effectuer sa retraite par Engi, route encore plus affreuse que celle tenue quelques jours auparavant, et dont une récente chute de neigeaugmentait encore les difficultés.

Son arrière-garde résistait néanmoins avec succès dans le Mutten-Thal.

Dès que Lecourbe avait été informé de la

---

(1) En 1388, 300 Suisses défirent à Nafels l'armée de Léopold le Superbe, duc d'Autriche, qui était forte de 15,000 hommes.

direction suivie par Souvarow, il avait rappelé la brigade de Loison dans la vallée de la Reuss, et prescrit à Gudin de se porter sur Schwitz, avec la 67e demi-brigade, pour barrer le chemin de Zurich à l'armée russe (1). Ce mouvement s'effectua par le lac d'Uri dans la journée du 28 septembre.

Le 29, Masséna reconnut les positions de Rosenberg, et les attaqua le lendemain. Les Russes, serrés en masse sur deux lignes, dans le fond de la vallée, soutinrent le choc sans en être ébranlés, et tombant ensuite sur les Français, les ramenèrent en désordre sur Schwitz, où la 67e, qui n'avait pas encore combattu, arrêta la poursuite et protéga la retraite. Le pont de la Muotta, pris et repris quatre fois, resta enfin aux Français.

Le 1er octobre, Masséna fit recommencer l'attaque. Les Russes opposèrent encore une grande résistance ; deux fois le général Rosenberg se mit à la tête de ses grenadiers, mais deux fois il fut culbuté avec de grandes pertes. Cependant, comme le général Mortier recevait des renforts et que le général Lecourbe arrivait par le Schachen-Thal, les Russes reculèrent jusqu'au village de Muotta, où ils furent soutenus par quelques bataillons amenés par Souvarow lui-même.

Masséna n'ayant pu forcer le passage du Mutten-Thal, et bien convaincu, d'ailleurs, qu'il ne

---

(1) Lecourbe écrivait à Masséna le 29 septembre : « Si le général Soult du côté de Glaris, le général Mortier sur le Mutten-Thal, et moi sur le Schachen-Thal, nous agissons de concert, nous ferons crever Souvarow dans les montagnes. »

gagnerait rien à suivre l'ennemi en queue, y laissa six bataillons en observation et fit filer, par Ensielden, le reste de ses troupes dans la vallée de la Linth. Il prescrivit, en même temps, au général Loison de pénétrer dans le Linth-Thal pour fermer aux Russes leur dernière ligne de retraite. Mais Souvarow n'attendit pas l'effet de cette manœuvre ; dès le 2 octobre, l'armée russe commença à défiler par Glaris et la vallée d'Engi.

Le 5, Souvarow quitta Glaris, après avoir abandonné tous ses blessés et la plus grande partie de ses bagages.

Molitor, informé de Glaris, le 3 au soir, que Souvarow faisait des préparatifs de retraite, envoya aussitôt un bataillon de la 44e à travers les hautes montagnes qui dominent Glaris, sur la rive droite de la Linth, pour aller s'embusquer entre Schwanden et Engi, derrière une ligne de rochers qui longe la droite de la petite rivière de Sernf, et d'où l'ennemi devait être écrasé. Il se jeta ensuite hardiment à la poursuite des Russes, et harcela vivement leur arrière-garde. Prévenue au pont de Schwanden par quatre compagnies du 2e bataillon de la 38e (1), qui précédaient de quelques heures les renforts que Loison

(1) Le 2e bataillon de la 38e avait passé le pas de Klausen dans la journée du 4, et se portait en toute hâte sur Schwanden. Les quatre premières compagnies arrivèrent seules assez tôt pour atteindre l'arrière-garde des Russes.

Le général Lecourbe avait reçu, dans la soirée du 1er octobre, sa nomination au commandement de l'armée du Rhin. Loison le remplaçait dans le commandement de la division.

amenait par le Linthal, cette arrière-garde fut obligée de se faire jour à la baïonnette et le sabre à la main. Elle ne parvint à s'échapper qu'en abandonnant trois pièces de canon, dont deux furent prises par l'héroïque caporal Rameau, aidé de deux de ses camarades de la 38e. Le lieutenant Nuyon, de la même demi-brigade, assura la poursuite en empêchant les Russes, au péril de sa vie, de mettre le feu au pont qui était tout préparé pour cela. Les sergents-majors Génin, Gouclin et Carlé gagnèrent dans cette journée leur épaulette de sous lieutenant.

200 chevaux, 1,200 prisonniers restèrent entre les mains des vainqueurs. Le caporal Rameau avait pour son compte, en outre de ses deux canons, pris deux officiers russes.

La poursuite continua le jour suivant et les Russes éprouvèrent encore de nouvelles pertes. Plusieurs centaines d'hommes et toutes les bêtes de somme périrent dans les précipices. Les blessés, les malades, et tous les bagages furent abandonnés.

L'avant-garde de Souvarow était arrivée à Coire le 6 octobre, mais ce n'est que le 10 que tous les débris de l'armée se trouvèrent réunis dans les Grisons. Le maréchal établit son quartier général à Ilanz, et consacra quelques jours à rallier ses hommes.

Sur ces entrefaites, le général Korsakow passait le Rhin et menaçait la gauche de l'armée française, tandis que les Autrichiens marchaient sur Winterthur. Ces mouvements avaient pour objet de seconder les derniers efforts de Souvarow. Dès que Masséna en fut informé, il dirigea le général Gazan sur Redueck, afin de contenir les Autrichiens, et il se porta lui-même à la gauche de son armée, pour repousser les Russes. Le 7 octobre, les Alliés furent contraints de repasser le Rhin, et, après un combat sanglant, les Français s'emparèrent de Constance. Là seulement finit la bataille de Zurich, qui, depuis l'attaque des postes avancés, le 24 septembre, avait duré quinze jours. Dans ces quinze jours, la Suisse fut le tombeau de 30,000 Russes et Autrichiens, tués, blessés ou pris.

La défaite des Alliés était complète, leur retraite fut une véritable fuite (1). Des 80,000 hom-

---

(1) Nous trouvons dans une lettre d'un habitant de Lichtensteig, dans le Toggenburg, quelques détails intéressants :

« Toute la retraite des Alliés s'effectue par notre bourg. C'est un bruit, un tumulte effroyable; des hommes sans habits, sans souliers, qui s'entendent à peine entre eux, qui viennent demander le chemin sans savoir où ils veulent aller; des voitures, des canons, des bagages obstruent les rues. Les officiers croient toujours entendre les Français derrière eux; ils se sauvent sans s'arrêter; ils abandonnent ainsi le soldat, qui se laisse prendre ou se cache dans les bois des environs, sans s'embarrasser de chercher son corps, qu'il lui serait d'ailleurs impossible de trouver, tous les corps étant désorganisés. Leur marche est si précipitée qu'ils s'arrêtent à peine un instant pour piller ou manger. Les routes sont couvertes de ces barbares qui tombent de lassitude et d'inanition.

« Pendant un jour entier, leur fuite n'a pas été inquiétée, mais, hier et aujourd'hui, la cavalerie française les a harcelés, et leur a fait beaucoup de prisonniers. Les paysans assomment de leur côté tout ce qu'ils trouvent dans les bois. »

mes fournis par l'empereur Paul 1er à la Coalition, Souvarow en ramena à peine 30,000 en Russie. Les armées d'Helvétie et du Danube avait sauvé la France (1).

La discorde ne tarda pas à troubler les camps de la Coalition. Le maréchal Souvarow était furieux d'avoir été vaincu par ces mêmes républicains dont il avait trop prématurément annoncé l'extermination ; ayant trop bonne opinion de son propre mérite pour s'attribuer une grande part dans la honte de la défaite, il s'était per-

---

(1) Extrait du rapport de Masséna sur la bataille de Zurich :

« L'armée du Danube avait terminé par une victoire signalée la campagne de l'an VII. Elle avait repris le Saint-Gothard et tous les petits cantons helvétiques. Il lui était réservé d'ouvrir par des victoires plus brillantes encore la campagne de l'an VIII.

« Point de moyens, soit matériels, soit pécuniaires. Point de solde depuis plusieurs mois. Des baïonnettes, l'amour de la République et la passion de vaincre ; voilà les ressources qui restaient à cette armée. Une bataille de quinze jours sur une ligne de plus de soixante lieues de développement, contre trois armées combinées, conduites par des généraux expérimentés, occupant des positions réputées inexpugnables ; voilà ses opérations.

« Trois armées battues et dispersées, 20,000 prisonniers, plus de 10,000 morts ou blessés, 100 pièces de canon, 15 drapeaux, tous les bagages de l'ennemi, 9 de leurs généraux tués ou pris ; l'Italie et le Haut-Rhin dégagés, l'Helvétie libre, le prestige de l'invincibilité des Russes dissipé ; voilà les résultats de ses combats. »

suadé, et voulait persuader à l'Europe, que la trahison et la lâcheté des Autrichiens avaient causé les revers qui déshonoraient sa vieillesse (1). Le général Korsakow n'était pas moins irrité que son collègue contre ses alliés.

De leur côté, les Impériaux se réjouissaient en secret de voir les Russes écrasés par les Français.

Chez les Français, la joie était extrême, car la victoire avait fait oublier les fatigues et les privations. La prise des magasins et des bagages de l'ennemi avait ramené l'abondance dans les camps. Masséna fit distribuer, aux grenadiers entrés les premiers dans Zurich, plus de 2,000 louis d'or trouvés dans la voiture du représentant de l'Angleterre à l'armée des Alliés, lord Wicklam (2).

---

(1) Réponse de Souvarow à l'archiduc Charles, qui lui faisait demander un rendez-vous, après les désastres de Zurich :

« Redites à Monseigneur l'Archiduc que je ne connais pas de défensive, je ne sais qu'attaquer. J'irai en avant quand bon me semblera. Et alors, je ne marcherai pas en Suisse ; je marcherai, selon mes ordres, directement en Franche-Comté. Dites-lui qu'à Vienne je serais à ses pieds, mais qu'ici je suis au moins son égal. Il est feld-maréchal, je le suis aussi ; il commande une armée, et moi aussi. Je suis vieux, j'ai acquis de l'expérience à forces de victoires, et je n'ai ni conseils, ni avis à prendre de qui que ce soit, et je n'en prends que de Dieu et de mon épée. » (*Archives historiques du Ministère de la guerre.* Armée du Danube.)

(2) Lord Wicklam fut surpris à table par la nouvelle de l'entrée des Français dans Zurich. Il prit

Après la défaite des Russes, le 2e bataillon de la 38e était revenu à Untersachen le 6 octobre; le lendemain, il arrivait à Altdorf, où il fut rejoint par le 1er bataillon et, peu après, par tous les détachements du 3e bataillon. Quelques jours après la division Loison fut chargée de balayer la vallée de la Reuss, de reprendre le Saint-Gothard et de rentrer dans les Grisons. Cette opération s'exécuta heureusement.

Le 24 octobre, les trois bataillons de la 38e se portèrent d'Altdorf sur Steg et Wasen. Le 25, ils s'avancèrent jusqu'à Tavestch et Dissentis, en traversant l'Ober-Alp. Ils restèrent dans cette position jusqu'au 1er novembre. Ils se portèrent ce jour-là sur Ilanz, et, le lendemain, chassèrent l'ennemi de Reicheneau.

Le 5 novembre, les deux premiers bataillons passèrent le Rhin près de Trins, et poursuivirent l'ennemi dans la direction de Ragatz; ils vinrent ensuite bivouaquer à Tamins. Le lendemain, toute la demi-brigade traversa le Kunkels et vint camper à Mels, Wangs et Sargans.

Masséna ne jugea pas nécessaire de pousser plus loin les opérations d'une campagne aussi glorieuse, et procura à ses troupes un repos que la saison semblait réclamer. Au commencement

---

la fuite en toute hâte, abandonnant aux vainqueurs ses bagages et lady Wicklam elle-même.

Ce jour-là, les grenadiers de Masséna payèrent en grands seigneurs, donnant un louis pour une tasse de café, et refusant d'en recevoir la monnaie, parce que, disaient-ils, des grenadiers français étaient assez riches pour payer ce prix-là. (*Mémoires du temps.*)

de novembre, toute l'armée d'Helvétie prit ses quartiers d'hiver. La 38e demi-brigade eut ses cantonnements sur la rive gauche du Rhin, depuis l'embouchure de l'Aar, jusqu'à Stein. Elle fut renforcée, le 29 janvier 1800, par le bataillon auxiliaire du Jura, dont l'incorporation lui permit de réparer les pertes faites pendant la campagne. Elle reçut aussi des conscrits, dont l'instruction fut poussée rapidement, afin d'être en mesure de reprendre la campagne au premier ordre.

Les succès de Lecourbe pendant cette campagne de huit mois suffisent pour immortaliser le nom du général et des vaillants soldats qui le secondèrent. En effet, si la prise du Saint-Gothard fut en grande partie le résultat des habiles combinaisons du général, il n'est pas moins vrai que la défaite de Souvarow fut la récompense de la bravoure héroïque des soldats et de leurs chefs. Les faits d'armes dont la Suisse fut le théâtre tiennent du merveilleux et n'ont jamais été surpassés.

Quoi de plus admirable que la marche de ces petites colonnes qui viennent déboucher successivement, et à l'heure fixée, sur la ligne de la Reuss, dont les attaques simultanées et les réunions successives sont combinées d'après les difficultés que chacune doit surmonter et les secours que la nature des terrains leur permet de se prêter mutuellement ! Il y a autant de science dans la conception de ces opérations que d'habileté dans leur exécution.

Où trouver des exemples d'héroïsme plus beaux que dans cette magnifique défense des vallées de la Reuss et de Glaris ? Quelle énergie durent déployer les officiers et les soldats de Lecourbe dans cette dernière période, du 23 septembre au 5 octobre, pendant laquelle ils ne cessèrent pas un seul jour de marcher ou de combattre ! Où trouvaient-ils la force de se battre, après tant de fatigues, ces jeunes conscrits mal équipés et mal nourris, sinon dans leur ardent patriotisme et cette noble fierté, innée dans le cœur des Français, qui double le courage lorsqu'il s'agit de l'honneur du drapeau !

Le nom de la 38e demi brigade revient souvent dans le récit de la campagne de Suisse. On la trouve partout où il y a une belle action à accomplir. C'est d'ailleurs la seule demi-brigade qui prit part à toutes les opérations que dirigea Lecourbe, depuis les premiers jours de mars jusqu'aux derniers jours de septembre. C'est donc à juste titre que le nom de Saint-Gothard figure à côté des victoires de Jemmapes, de Mosskirch et de Zaatcha, sur le drapeau du régiment qui a hérité de la gloire acquise par la 38e demi-brigade dans cette mémorable campagne.

TABLE DES MATIÈRES

Pages.

INTRODUCTION 3

Campagne de 1798.

I. — OCCUPATION DE L'ERGUEL ET MARCHE SUR BERNE. — Causes de l'invasion de la Suisse par les armées françaises. — Composition de la division de l'Erguel. — 2 mars : prise de Soleure. — Combat d'Owin. — 5 mars : Combats de Faubrunen et de Granholz. — Combat de Nidau et entrée des Français à Berne. 9

II. — RÉVOLTE DES PETITS CANTONS. — Occupation de la Suisse centrale. — 28 mars : incendie de Munzingen. — Positions de l'armée d'occupation en avril 1798. — Révolte des petits cantons. — Occupation de Lucerne et de Küssnacht. — Attaque de l'abbaye de Notre-Dame-des-Ermites d'Ensielden. — 3 mai : combat du lac de Zug. — Cantonnements à la fin de 1798. 19

Campagne de 1799.

I. — CONQUÊTE DE L'ENGADINE. — Situation des belligérants. — Premières opérations de l'armée d'Helvétie et dispositions du général Lecourbe. — 7 mars : passage du San-Bernardino. — 11 mars : combats de Sylva-Plana et de Ponte. — 14, 15 et 17 mars : combat de Martinsbrück. — 25 mars : combats de Taufers et de Nauders. — Réunion des armées d'Helvétie et du Danube. 31

II. — RETRAITE DE L'ARMÉE D'HELVÉTIE ET DÉFENSE DE L'ENGADINE. — Dispositions de Lecourbe pour la défense de l'Engadine. — Réunion des trois bataillons de la 38e. — 30 avril : combats de Schleins et de Remüs. —

3 mai : combats de Süs et de Zernets. — Dispositions pour la retraite. — Marche de Lenz sur Bellinzona. — Evacuation des Grisons. 28 mai : combat de la Muotta. — Défense du Saint-Gothard contre les Autrichiens. — 31 mai : combat d'Amsteig.................... 53

III. — Reprise du Saint-Gothard et opérations dans la vallée de Glaris. — Combats de Brünnen et de l'Issis-Thal. — Reprise du Saint-Gothard. — 14 août : colonne de gauche ; combat de Schwitz. — 14 août : colonnes du centre ; combat de Brunnen ; combats de Séedorf et d'Attighaussen ; combat d'Altdorf. — 15 août : colonnes de droite ; prise du fort de Meyen. — 15 août : combat du Pont-du-Diable. — 16 août : combat de l'Ober-Alp. — Opérations dans la vallée de Glaris................................ 72

IV. — Défense du Saint-Gothard et de la vallée de la Reuss contre l'armée de Souvarow. — 24 septembre : combat du Saint-Gothard. — 25 septembre : défense du Pont-du-Diable et combat d'Amsteig. — 27 septembre : combats d'Ersfeld et d'Altdorf.. 92

V. — Combats autour de Zurich et dans la vallée de Glaris. — 25 septembre : passage de la Limmat et bataille de Zurich. — Attaque combinée des colonnes de Jellachich et de Linken contre Molitor. — Défaite de Jellachich. — Combats de Mittlodi et de Glaris,............................ 105

VI. — Retraite des Russes et fin de la campagne. — Marche de Souvarow sur Glaris. — 1er octobre : combat de Nafels. — 29 septembre et 1er octobre : combats de la Muotta. — 5 octobre : combat de Schwanden. — Défaite des alliés. — Fin de la campagne.................................. 111

Paris et Limoges. — Imp. milit. Henri Charles-Lavauzelle.

Librairie militaire H. Charles-Lavauzelle

11, place Saint-André-des-Arts, Paris.

SIÈGE DE MILIANAH, ses ravitaillements. — Brochure in-8° de 36 pages.......................... 2 »

EXACTE VÉRITÉ SUR LA TROUÉE TENTÉE A BALAN, LE 1er SEPTEMBRE 1870 (bataille de Sedan), par Grand-Didier, capitaine au 34e de ligne, en retraite. — Br. in-8° de 32 pages.............. » 75

CAMPAGNE DU NORD EN 1870-1871. *Histoire de la défense nationale dans le nord de la France*, par Pierre Lehautcourt, 6 cartes gravées sur acier. — Vol. grand in-8° de 30[illegible] pages.............. 6 »

NOTES SUR LA CAMPAGNE DU 3e BATAILLON DE LA LÉGION ÉTANGRÈRE AU TONKIN. — Brochure in-8° de 64 pages.......................... 1 »

JOURNAL DU SIÈGE DE TUYEN-QUAN (23 novembre 1884-3 mars 1885). — Volume in-32 de 102 pages.
Broché.......................... » 50
Relié toile anglaise.......................... » 75

HISTORIQUE SUCCINCT DE L'ARTILLERIE AU TONKIN PENDANT LES ANNÉES 1883 ET 1884, par C. Humbert, chef d'escadron d'artillerie de marine, breveté d'état-major. — 2 vol. in-32. Brochés. 1 »
Reliés toile anglaise.......................... 1 50

HISTOIRE DE LA PARTICIPATION DES BELGES AUX CAMPAGNES DES INDES ORIENTALES NÉERLANDAISES SOUS LE GOUVERNEMENT DES PAYS BAS, 1815-1830, par Eugène Cruyplants, capitaine aide de camp du commandant de la garde civique de Gand, officier de l'ordre de Takovo de Serbie, avec trois cartes et un portrait du général Lahure. — Vol. grand in-8° de 402 pages, broché.............. 5 »

LA GUERRE, L'EUROPE ET LES COALITIONS, ouvrage accompagné d'une carte hors texte. — Brochure in-8° de 72 pages.......................... 1 25

www.ingramcontent.com/pod-product-compliance
Ingram Content Group UK Ltd.
Pitfield, Milton Keynes, MK11 3LW, UK
UKHW021540260726
13993UKWH00002B/560

9 782019 957636